AF452114

DECLARATION DU ROY,

PORTANT REGLEMENT

POUR LES LIBRAIRES

ET IMPRIMEURS

DE LA VILLE DE LYON.

Regiſtrée en Parlement le 7. Février 1696.

Imprimée à Paris chez CHRISTOPHE BALLARD
par Ordre exprés de Monſeigneur le Chancellier.

M. DC. XCVI.

TABLE
DES TITRES.

Fin de la Table des Titres.

DECLARATION
DU ROY,
PORTANT REGLEMENT
POUR LES LIBRAIRES
ET IMPRIMEURS
DE LA VILLE DE LYON.

Regiſtrée en Parlement le 7. Février 1696.

*Avec la Conference des anciennes Ordonnances,
Statuts, Arreſts & Reglemens.*

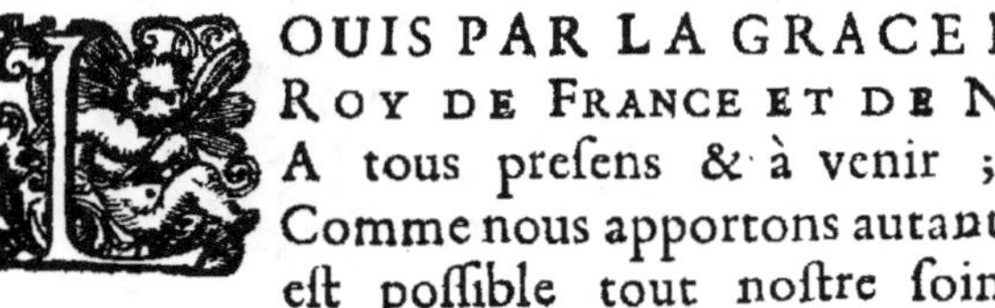

OUIS PAR LA GRACE DE DIEU
Roy de France et de Navarre :
A tous preſens & à venir ; Salut.
Comme nous apportons autant qu'il nous
eſt poſſible tout noſtre ſoin & noſtre
application pour reformer les abus qui s'introduiſent

A

par de mauvais ufages dans les Corps & Communautez, ayant efté informé de ceux qui s'étoient introduits
dans la profeffion des Libraires & Imprimeurs de la Ville de Lyon, foit dans le choix des Aprentifs, en la Reception des Maiftres fans les qualitez neceffaires, foit
dans l'exercice de leur Art, dont la perfection a efté
depuis quelque temps negligée au prejudice de l'avan-
tage du Public & du Commerce, & que quelques-uns
d'entr'eux fe font donnez la licence d"imprimer, vendre & contrefaire toutes fortes de Livres imprimez au
prejudice des Imprimeurs, aufquels nous aurions donné nos Lettres de Privilege ; Et comme ces contraventions ne fe pouvoient arrefter qu'en leur prefcrivant
des Regles certaines, nous aurions fait examiner en
noftre Confeil les Memoires & Reglemens faits fur le
fait de la Librairie & Imprimerie, & la Declaration du
mois d'Aouft 1686. donnée pour Regler les Imprimeurs
& Libraires de noftre bonne Ville de Paris, fur lefquels
il feroit intervenu Arreft en noftre Confeil le 2. Mars
dernier ; & voulant qu'il ait fon execution. A CES
CAUSES, de noftre certaine Science, Puiffance & Autorité Royalle, Nous avons Dit, declaré & ordonné;
Difons, declarons, voulons & nous plaît, ce qui fuit.

TITRE PREMIER.

DES FRANCHISES, EXEMPTIONS
& Immunitez des Libraires & Imprimeurs de la Ville de Lyon.

ARTICLE PREMIER.

LEs Libraires & Imprimeurs de Lyon feront entierement feparez & diftinguez des Arts mécaniques, & en cette qualité maintenus & gardez en la joüiſſance de tous les droits, franchiſes & prérogatives à eux attribuez par les Roys nos predeceſſeurs & par Nous.

AUTORITEZ.

Declaration de Louis XII. du 9. Avril 1513. &c. Du Reglement de Paris, page 3. & 4.

Le Sieur de Tancré pretendoit avoir Droit ſur les Marchandiſes de Librairie paſſant ſur la riviere de Loire, & avoit arreſté des Livres; La ſaiſie ayant eſté declarée tortionnaire par le Preſidial d'Angers, il eût Appel, ſur lequel Arreſt du 23. Juillet 1565. par lequel fut dit qu'il avoit eſté bien jugé.

Arreſt du 23. Mars 1574. par lequel défenſes furent faites aux Fermiers du grand Peage d'Orleans, de lever aucun Droit ny deniers ſur les Livres. Fait inhibitions dés maintenant auſdits Fermiers dudit Peage, & leurs ſucceſſeurs, Commis & deputez, & à tous autres, de plus prendre, lever, n'exiger aucun Droit ny deniers ſur eſpeces de Livres, Librairie, paſſans & repaſſans par les détroits dudit Peage, qui ſe leve ſur ladite Riviere en ladite Ville d'Orleans & Ports d'icelle; Et ce ſur peine de payer le quadruple, & plus grande amende, s'il y échet, dépens, dommages, & intereſts des Parties, ſur leſquelles ledit pretendu droit ſeroit levé & exigé, & a condamné & condamne leſdits Fermiers à rendre & reſtituer ce qu'ils ont pris & levé, & aux dépens.

Henry II. par Lettres Patentes données en faveur des Libraires & Imprimeurs de la Ville de Lyon du 19. Janvier 1553. pour l'exemption de tous droits sur les Livres : Défendons à tous Officiers, sur le fait & Reglement des Droits, Traite & Imposition Foraine, Resve, Domaine Forain & haut Passage, & de ne lever ou exiger aucune chose desdits Libraires pour raison desdits Livres en quelque temps que ce soit, &c.

Voyez aussi la Declaration d'Henry II. du 23. Septembre 1553. dans les Autoritez du Reglement des Libraires & Imprimeurs de Paris, page 4. 5. 6. & 7.

Henry III. suivit aussi l'intention de ces Predecesseurs Rois, mais il amplifia lesdites Immunitez de l'exemption des Droits de Doüannes sur les Passages de Lyon, Troyes, Châlons, Roüen, Dieppes, & autres Villes, par ses Lettres Patentes du 16. Novembre 1582. declara les Libraires non compris en son Edit de Creation des Métiers, en ces termes ; A c e s C a u s e s, Voulons que lesdits Libraires, laissiez & souffriez joüir de tous ces Privileges à eux par nos Prédecesseurs & Nous accordez, mesme conformement à ceux accordez par le feu Roy Loüis XII. en l'an 1513.

Et desquels Privileges, Nous voulons & entendons qu'ils joüissent & usent, nonobstant les troubles & empeschement qui en pourroient avoir esté faits cy-devant : Faisons défenses aux Fermiers de la Doüane, & de tous & chacuns nos Ports, Havres, Passages & autres Droits, de ne troubler n'y empescher lesdits Libraires, directement ou indirectement en l'apport de leurs Marchandises des Païs étrangers, ou transport d'icelles hors ledit Royaume, le tout conformement ausdits Privileges ; Declarons lesdites Marchandises franches & quittes de toutes entrées, impositions, Peages, Travers, & generalement de tous autres Subsides, mis par nos Predecesseurs Rois, & Nous sur toutes Marchandises en general : Et n'entendons lesdits Libraires y estre compris.

Henry IV. par Lettres du 20. Février 1595. verifiées au Parlement le vingt-sixiéme Juin en suivant : Ordonnons que lesdits Libraires & Imprimeurs de Paris seront, & les avons quittez, exemptez, & déchargez du payement des Subsides & Impositions nouvellement établies en nostredite Ville de Paris, *& autres Villes de nostre Royaume* ; pour toutes sortes de Livres & Impressions, entrans & sortans desdites Villes, sans qu'ils soient contraints de payer aucune chose ; Et où aucunes sortes de Livres & Impressions auroient esté saisies, leur en faites faire pleine main-levée & délivrance, &c.

Henry IV. à Caën le 14. Septembre 1603. Confirma les mesmes Privileges en ces termes ; A C e s C a u s e s, Voulons que les Libraires & Imprimeurs de nostre Ville de Roüen & autres, joüissent plainement des Privileges, Franchises, & Exemptions de Subside ; ensemble de tous Guets & Gardes des Portes (Fors & reservé, en cas d'eminent peril) & generalement de tous Privileges, Franchises, Immunitez, Exemptions & Affranchiſſemens accordez auſdits Libraires & Imprimeurs de Paris & Lyon, L. P. R. à Roüen en Parlement le 15. Decembre 1603.

L'an 1613. Laurent Sonnius ayant fait conduire quantité de Livres en la Ville de Lyon, ils furent ſaiſis à la requeſte d'Urbain de la Motte, Fermier general des Cinq groſſes Fermes de France, & de la Doüanne de Lyon, dont ledit Sonnius ayant obtenu main levée par proviſion pardevant le Sénéchal de Lyon, la Motte en interjetta appel, ſur lequel il ſe voulut pourvoir au Conſeil du Roy ; Mais par Arreſt dudit Conſeil du 27. Février 1615. les Parties furent renvoyées en la Cour des Aydes à Paris, où par Arreſt du 24. Mars 1616. ladite ſaiſie fut declarée injurieuſe, tortionnaire & déraiſonnable, main-levée pleine & entiere faite audit Sonnius, la Motte condamné és dépens, dommages & intereſts. Et faiſant droit ſur l'intervention du Recteur & Suppots de l'Univerſité de Paris, & Syndic des Libraires, défenſes ſont faites aux Fermiers de la Doüanne de Lyon, & à tous autres, de rien prendre ny exiger pour les Livres, ny de troubler leſdits Libraires en la joüiſſance de leurs Privileges, Exemptions & Immunitez. Ordonné que le preſent Arreſt ſera enregiſtré au Greffe des Juges de la Doüanne de Lyon, & au Bureau de ladite Doüanne ; Ledit de la Motte condamné és dépens de l'Inſtance de ladite intervention. Depuis un nommé la Sabliere Fermier, ayant fait une pareille ſaiſie ſur ledit Sonnius, intervint Sentence du Sénechal de Lyon le 4. Juillet 1616. conforme audit Arreſt.

Arreſt du Conſeil d'Etat du 6. Mars 1630. entre les Syndic & Adjoints de la Communauté des Libraires & Imprimeurs d'une part, & Jean de la Grange, Fermier general des Cinq groſſes Fermes de France, la Doüanne de Lyon y compriſe : Sa Majeſté décharge le Papier de tout Tribut & Impoſition quelconque, fait défenſes audit de la Grange & ſes Commis, de prendre ny lever le droit de dix ſols huit deniers ſur chacun cent peſant de Papier blanc, venant de quelques endroits que ce ſoit de ſon Royaume.

Arreſt du Conſeil privé du Roy du 15. Decembre 1694. Qui a debouté Maître Claude Girard Fermier des Droits d'Octroys ſur la Riviere de Saône, de la demande deſdits Droits ſur les Marchandiſes de Librairies en ces termes.

Ce Considere', Le Roy en ſon Conſeil, faiſant Droit ſur le tout ; a donné Acte audit Auboüin Syndic des Libraires de Paris dudit deſiſtement dudit Girard, du 22. Decembre 1693. ſignifié le 29. dudit mois, & en conſequence a debouté & deboute ledit Girard de ſa demande, & le condamne aux dépens ; enſemble aux couſt & frais du preſent Arreſt. Fait au Conſeil Privé du Roy, tenu à Verſailles le 15. Decembre 1694.

TITRE II.

DES LIBRAIRES ET IMPRIMEURS en general.

ARTICLE II.

AUCUN Imprimeur ne pourra exercer l'Imprimerie, qu'il n'ait deux preſſes à luy appartenantes, & qu'elles ne ſoient fournies de bonnes fontes, ſans que pluſieurs Imprimeurs ſe puiſſent aſſocier en une meſme Imprimerie.

AUTORITEZ.

Reglement du 20. Novembre 1610. pour Paris Article 8. Que nul ne pourra exercer ladite Imprimerie, qu'il n'ait moyen d'entretenir deux preſſes, & de bonnes lettres, qui ſeront viſitées & certifiées par les Gardes de l'Imprimerie & Librairie.

Reglement de 1618. Article 7. pour Paris, qui confirme la meſme choſe, page 9. Du Reglement de Paris.

Arreſt du 17. Janvier 1645. qui ordonne que toutes les Imprimeries qui ſe trouveront défectueuſes & contre les Reglemens, ſeront venduës à la diligence des Syndic & Adjoints, & les deniers en provenans aumônez aux pauvres Maîtres de la Communauté deſdits Libraires.

Reglement de 1649. Article 8. pour Paris, qui ordonne la meſme choſe, page 9. Du Reglement de Paris.

ARTICLE III.

Tous les Libraires & Imprimeurs imprimeront & feront imprimer les Livres en beaux caractères, ſur de bon papier, & bien corrects, avec le nom & la marque

de l'Imprimeur qui en aura fait l'Impreſſion ; & lorſ-
que les Livres ſeront imprimez aux dépens des Libraires & pour leur compte, l'Imprimeur qui en fera l'Impreſſion, ſera tenu de mettre ſon nom à la fin deſdits
Livres, outre le nom & la marque du Libraire qui aura
eſté miſe ſur la premiere page deſdits Livres ; le tout
à peine de confiſcation & d'amende, & de plus grande
peine s'il y échet.

AUTORITEZ.

Declaration d'Henry II. du 11. Decembre 1547. Que le nom & ſurnom
de celuy qui l'a fait, ſoit exprimé ou appoſé au commencement du Livre,
& auſſi celuy de l'Imprimeur, avec l'Enſeigne de ſon domicile : Ny auſſi à
imprimer en lieux occultes & cachez, ains en leurs Officines & Ouvroirs
publics, afin qu'ils puiſſent répondre chacun de leur fait.

Declaration d'Henry II. du 27. Juin 1551. &c. page 10. Du Reglement de Paris.

Idem Art. 9. Ne pourront les Imprimeurs, imprimer aucuns Livres, ſinon
en leurs Noms, & en leurs Officines & Ouvroirs.

Arreſt du 3. Aouſt 1579. pour Damoiſelle Jeanne Jonḉy, contre Philip-
pes Tingy Marchand Libraire de Lyon, touchant la marque de la Fleur de
Lys de Florence.

Regl. de 1610. Art. 8. pour Paris. L'Imprimeur mettra au commencement
ou à la fin du Livre ſon nom. Conjointement qu'il ſera tenu prendre Marque & Enſeigne.

Regl. de 1618. Art. 12. pour Paris, Tous Libraires & Imprimeurs, chacun ſeparément ou aſſociez, imprimeront les Livres en beaux caracteres,
& bon papier, & bien corrects, avec le nom du Libraire & ſa marque.

Sentence du 9. Juin 1640. entre les Syndic & Adjoints, & Denys Langlois ; qui avoit imprimé les Oeuvres du P. Campanella, où il avoit mis
l'adreſſe chez Jacques Berbien Chandelier, ſans mettre ſon nom.
Défenſes à tous Imprimeurs, d'imprimer aucuns Livres ſans nom d'Imprimeur, ny d'imprimer aucunes Affiches où l'adreſſe ſoit ailleurs qu'en la
maiſon d'un Libraire ou Imprimeur, ſoit pour quelque particulier ou Communauté que ce puiſſe eſtre, à peine d'en répondre en leurs propres & privez noms.

Reglement pour les Imprimeurs & Libraires de Paris en 1618. Article 79. Les Imprimeurs & Libraires, feront tenus choisir & avoir une Marque particuliere, laquelle ils mettront, ou feront mettre és Livres qu'ils imprimeront, ou feront imprimer, fans qu'ils puiffent prendre les Marques les uns des autres; & feront lefdits Libraires, mettre & appofer leurs Marques au devant & commencement defdits Livres qu'ils feront imprimer; Comme auffi les Imprimeurs feront tenus mettre leurs Marques en fin defdits Livres.

Arreft du Confeil d'Eftat du 2. Octobre 1643. Ordonne à tous Imprimeurs & Libraires, & feront tenus de mettre le nom de l'Auteur & de l'imprimeur avec fa marque ordinaire, à peine de confifcation des Ouvrages, d'amende arbitraire, & d'eftre declarez incapables de tenir jamais Imprimerie, ni faire la fonction de Librairie, & de plus grande peine s'il y échet, felon la qualité des Livres & difcours qui feront imprimez.

Reglement & Statuts des Libraires de la Ville de Lyon de 1675. Art. 10. imprimeront ou feront imprimer en beaux & bons Caractères, & fur du Papier du poids au moins de douze à treize livres la Rame.

Voyez les Autoritez du Reglement des Libraires & Imprimeurs de Paris de 1686. page 9. 10. & 11.

ARTICLE IV.

Les Imprimeurs & Libraires feront pareillement tenus d'inferer à la fin ou au commencement defdits Livres les Privileges, ou Extraits des Privileges & des Permiffions qu'ils auront obtenuës, à peine de confifcation & de punition exemplaire.

AUTORITEZ.

Reglement de 1618. Article 13. pour Paris, Comme auffi infereront le Privilege & Permiffion qui leur fera octroyée, à la fin ou au commencement de chacun Exemplaire, le tout à peine de confifcation defdits Livres, & autres peines s'il y échet.

Arreft du Confeil d'Etat du 25. Octobre 1663. qui ordonne de mettre à la fin ou au commencement les Extraits des Privileges aufquels foy y fera ajoutée, les ayant feulement fait enregiftrer fur le Livre de la Communauté des Libraires & Imprimeurs de Paris, fans qu'il foit befoin d'autre fignification ny enregiftrement.

Voyez les Autoritez du Reglement de Paris pour les Libraires & Imprimeurs en 1686. page 11. & 12.

ARTICLE

ARTICLE V.

COMME aussi défendons à tous Libraires & Imprimeurs de supposer aucun autre nom de Libraire ou Imprimeur, & de le mettre au lieu du leur en aucun Livre, & d'y apposer la marque d'aucun autre Libraire ou Imprimeur, à peine d'estre punis comme faussaires, declarez incapables de pouvoir jamais exercer l'Art & Profession d'Imprimeurs & Libraires, de trois mille livres d'amende, & de confiscation des exemplaires.

AUTORITEZ.

Declaration de François I. du dernier Aoust 1539. Article 16. Ne pourront prendre les Maîtres Imprimeurs & Libraires, les Marques les uns des autres, ains chacun en aura une à par soy, differentes les unes des autres, en maniere que les acheteurs des Livres puissent facilement connoître en quelle Officine les Livres auront esté imprimez, & lesquels se vendront ausdites Officines, & non ailleurs. Confirmé par le mesme Roy, pour les Libraires & Imprimeurs de la Ville de Lyon en Decembre 1541. Art. 16. Ensuite par Charles IX. en 1571. Article 16.

Declaration d'Henry II. du 27. Juin 1551. Article 9. Sans qu'ils supposent le nom d'autruy, sur peine de confiscation de corps & de biens, & d'estre déclarez faussaires. Est enjoint à tous nos Sujets quels qu'ils soient indifferamment, que quant ils auront connoissance que lesdits Livres auront esté imprimez faussement & sous le nom d'autruy, les apporter en Justice sous peine d'estre punis comme les Juges verront à faire, &c. Confirmé par Charles IX. en 1572. Article 10. & par le Reglement de 1618. Art. 5. & 32.

Arrest du Parlement de Paris du 26. Février 1671. Qui ordonne que les Libraires & Imprimeurs, lesquels mettront dans les Livres par eux contrefaits le Privilege & le nom du Libraire auquel il aura esté accordé, demeurent privez de la fonction d'imprimer, & de Librairie, sans esperance d'y pouvoir estre retablis, mesme pourront estre punis extraordinairement, s'il y échet.

Voyez les autres Autoritez du Reglement des Libraires & Imprimeurs de Paris de 1686. page 12. & 13.

B

ARTICLE VI.

DEFENCES font faites à tous Imprimeurs & Libraires d'imprimer ou faire imprimer aucuns Livres de Privilege hors du Royaume, à peine de confifcation de tous les Exemplaires qui fe trouveront, & de quinze cent livres d'amende pour la premiere fois, applicable moitié au profit de la Communauté.

AVTORITEZ.

Declaration de Charles IX. à Paris, le 10. Septembre 1571. Art.10. Seront faites inhibitions & défenfes à tous Marchands Libraires & Imprimeurs de ce Royaume, de faire imprimer hors la France, fur peine de confifcation des Livres imprimez, & d'amende arbitraire. L. P R. en Parlement le 17. Avril. 1573.

Arreft du 7. Decembre 1577. fait inhibition à tous Imprimeurs de ce Royaume, fur peine de confifcation des Livres & de quatre mille écus d'amende, de faire imprimer aucuns Livres hors de ce Royaume, & que le Procureur General du Roy auroit permiffion pour informer à l'encontre de ceux que l'on pretend avoir fait imprimer Livres hors de ce Royaume pour l'information faite & raportée decreter contre les coupables, ainfi qu'elle verra eftre à faire par raifon.

Reglement & Statuts pour les Libraires de Lyon en 1675. Article 14. Défenfes font faites à tous Marchands Libraires & Imprimeurs de cette Ville de Lyon, d'imprimer ou faire imprimer aucuns Livres hors ladite Ville, à peine de confifcation & de cent cinquante livres d'amende; applicable comme deffus.

Voyez les autres Autoritez du Reglement des Libraires & Imprimeurs de Paris de 1686. page 14.

ARTICLE VII.

LES feuls Imprimeurs auront des Preffes & Caracteres fervans à Imprimer: Défendons à toutes autres

perſonnes d'en avoir ou tenir en quelque lieu que ce
ſoit , & ſous quelque pretexte que ce puiſſe eſtre , à
peine de punition exemplaire , de confiſcation des
Preſſes & Caraĉteres , & de trois mille livres d'amende.
Défendons pareillement à toutes perſonnes , autres
qu'aux Imprimeurs & Libraires , de vendre & debiter
aucuns Livres , & de les faire afficher pour les vendre
en leurs noms , ſoit qu'ils s'en diſent les Auteurs ou autrement , à peine de cinq cent livres d'amende contre
les contrevenans , & de confiſcation deſdits Livres.

A U T O R I T E Z.

Reglement pour les Libraires & Imprimeurs de Paris de 1618. Art. 14.
Les Auteurs des Livres ou Correĉteurs , ne pourront avoir d'Imprimerie
ou Preſſes en leurs maiſons ny ailleurs , pour Imprimer ou faire Imprimer
leurs Livres , ny les vendre , ny faire afficher ſous leurs noms ou autres; ainſ
leur ſera permis les faire Imprimer pour eſtre vendus par des Libraires ,
Imprimeurs & Relieurs , & non par d'autres , à peine de confiſcation & d'a-
mende aux contrevenans.

Arreſt de verification du 9. Juillet 1618. qui porte que toutes les Pref-
ſes qui ſont és maiſons particulieres des ſujets du Roy , & autres maiſons
d'étrangers , ſans aucune difference & exception , ſeront abattuës & ôtées
dans quinzaine ; autrement & à faute de ce faire dans ledit temps , & iceluy paſſé , ſi aucunes ſe trouvent eſdites maiſons , ſeront à la diligence du
Subſtitut du Procureur general du Roi , ſaiſies & venduës au plus offrant
& dernier encheriſſeur , & les deniers employez à la nouriture des pauvres enfermez. Et a la Cour fait tres-expreſſes inhibitions & défenſes à
tous Maîtres Imprimeurs & Compagnons , de travailler direĉtement ou in-
direĉtement auſdites Preſſes des particuliers ou étrangers , à peine de dé-
chéance de tous Privileges , & de punition corporelle.

Sentence du 9. Juin 1640. pour les Syndic & Adjoints de la Communauté des Libraires & Imprimeurs de Paris , contre les Religieux Prieur
& Convent des R. Peres Jacobins de la ruë S. Honoré , qui faiſoient vendre par un Chandelier les œuvres du P. Campanella.

Nous avons fait défences auſdits Religieux & à toutes autres Communautez , de plus commettre aucunes entrepriſes ſur l'Art d'Imprimerie &

B ij

Librairie, à peine de confiscation des Livres & d'amende. Ordonnons pour cette fois sans tirer à consequence, que les Exemplaires saisis & autres Exemplaires des autres Imprimez du P. Campanella, seront mis és mains d'un Libraire ou Imprimeur, pour estre par luy vendus & debitez conformément aux Ordonnances du Roy & Reglement des Libraires & Imprimeurs; à cette fin, seront les Affiches desdits Livres reformez, faisant défences audit Bebyron Chandellier & à tous autres Particuliers qui ne sont du Corps & Communauté desdits Libraires & Imprimeurs, de vendre & distribuer des Livres sous peine de 1000 livres d'amende, & tous autres Imprimeurs & Libraires, d'Imprimer à l'avenir aucuns Livres sans nom d'Imprimeur, n'y d'Imprimer aucunes Affiches où l'adresse pour la vente desdits Livres soit ailleurs qu'en la Maison d'un Libraire ou Imprimeur, soit pour quelques Particuliers ou Communauté que ce puisse estre, à peine de plus grandes amendes & de répondre en leur propre & privé nom des contraventions.

Reglement & Statuts pour les Libraires de Lyon en 1675. Art. 2. Défences sont faites à toutes personnes de quelques qualité & condition qu'elles soient, d'exercer ou faire exercer le Negoce de Marchandises de Librairie en cette Ville de Lyon, directement ou indirectement en aucune maniere que ce soit, en Boutique, Magasin, ou autrement, à moins qu'ils ne soient Marchands Libraires de cette Ville, leurs Fils & Veuve, &c.

Sentence du 21. Aoust 1682. Par laquelle le sieur de Blegny Chirurgien, qui se mêloit de vendre des Livres avec ses Ouvrages; fut ordonné que tous les Livres saisis sur luy, demeureroient confisquez au profit de la Communauté des Libraires & Imprimeurs de Paris, avec défences audit de Blegny de vendre ses Ouvrages, que par les mains d'un Libraire ou Imprimeurs.

Ordonnance de Mr. le Lieutenant General de Lyon du 7. Octobre 1694. Nous avons Ordonné en consequence pour le maintien des Privileges accordez par Sa Majesté, & entiere exécution des Edits, Declarations & Arrests de son Conseil sur le fait de la Librairie, & pour obvier aux abus & inconveniens, énoncez aux remonstrances cy-dessus; Que les Superieurs, Gardiens, Procureurs des Communautez & Maisons Religieuses de cette Ville, où l'un d'eux seront tenus d'avoir dans chacunes d'icelles, un Livre particulier, dans lequel ils inscriront & feront mention des Libraires, Imprimeurs ou autres, ausquels ils loüent ou loüeront des appartemens ou Magazins dans leursdites Maisons, pour y mettre & tenir des Livres, soit en feüilles ou autrement, avec leurs noms, qualitez & demeures, le prix du bail, le temps auquel il a commencé, & quand il doit finir, lequel Livre ou Registre sera fait & parfait dans la huitaine, pour toute préfixion & delay, aprés la signification de nôtre presente Ordonnance, à la perſonne deſdits Superieurs, Gardiens & Procureurs, ou de l'un d'eux dans chacune deſdites Communautez, pour repreſenter ledit Livre toutes-&-quantes-fois qu'ils en ſeront requis par juſtice, faute dequoy, & ledit temps paſſé, dés à preſent comme deſlors, & deſlors comme dés à preſent, à défaut par leſdits Superieurs, Gardiens, Procureurs, ou autres Reli-gieux, de nous exhiber ledit Livre, lors de nos tranſports auſdites Mai-ſons, leſdits Convents & Communautez, ou du moins le temporel d'icel-les, demeureront reſponſables de toutes amandes, dommages, intereſts & dépens, qui ſeront adjugez dans la ſuite, pour raiſon des Livres contre-faits ou défendus qui ſeront trouvez & ſaiſis dans les Magazins par eux loüez, & dés à preſent en l'amende de 100. livres pour leur deſobeïſſance, applicable un tiers au Roy, & pour luy au Fermier de ſon Domaine, un tiers au grand Hôtel-Dieu de cette Ville, l'autre tiers à celuy de l'aumô-ne generale; & où il s'en trouveroit d'autres dans leſdites Maiſons Reli-gieuſes, que ceux énoncez dans ledit Livre ou Regiſtre, ſeront pareille-ment condamnez aux peines cy-deſſus, & autres plus grandes, s'il y échet, & paſſer outre comme pour fait de police, execution d'Edits, Dé-clarations & Arreſts, nonobſtant, &c. F A I T à Lyon, par Nous, &c. le ſeptiéme Octobre 1694. Signé, D E S E V E.

Voyez les autres Autoritez au Reglement des Libraires & Imprimeurs de Paris de 1686. page 15. 16. & 17.

ARTICLE VIII.

Nul Libraire ou Imprimeur ne pourra avoir Im-primerie ou tenir Boutique de Librairie dans la Ville de Lyon que du coſté de S. Nizier, & non de l'autre coſté de la Riviere de Saône.

AUTORITEZ.

Reglement de 1610. pour les Libraires & Imprimeurs de Paris Article 4 Interdiſant dés à preſent l'exercice de l'Imprimerie, en lieux ſecrets, Chambres locantes, Fauxbourgs, Villages proches, Colleges & Mona-ſteres, ains en lieux publics. Et au dedans de l'Univerſité, au deſſus de l'E-gliſe de ſaint Yves, auſquels lieux pareillement demeureront, & non-ail-leurs, les Fondeurs de Lettres & Relieurs; Et au regard des Marchands Libraires, au dedans de ladite Univerſité, au deſſus de ladite Egliſe de ſaint Yves, & au Palais, aux lieux accoûtumez.

Ordonnance du Lieutenant Civil du 19. May 1616. Que commandement fera fait à tous Libraires & Imprimeurs, de fe retirer & vendre leurs Livres, & tenir Imprimeries au détroit de l'Univerfité, dans vingt-quatre heures, & ce temps expiré, permis aux Syndic & Gardes faire faifir leurs Marchandifes, pour eftre confifquées & employées aux affaires de la Communauté; & ce nonobftant oppofitions ou appellations quelconques.

Declaration du Roy du 21. Decembre 1630. portant défences de tenir plus d'une Boutique & Imprimerie, & ce en l'Univerfité, quoyque proprietaires de maifons ailleurs fcituées, & d'étaller en quelque lieu que ce foit; (ceux qui fe voudront reftraindre à ne vendre que des Ufages exceptez,) à peine d'eftre décheus de leur profeffion, & pour la feconde fois de punition corporelle. Fait défences auffi à tous particuliers de tenir Imprimerie chez eux, à peine de confifcation & de châtiment exemplaire contre ceux qui y travailleront.

Reglement de 1649. pour les Imprimeurs & Libraires de Paris Art. 9. Défendons à tous Imprimeurs, Libraires, & Relieurs de tenir & avoit plus d'une Boutique & Imprimerie, laquelle ils tiendront és lieux cy-après defignez feulement, ou au dedans du Palais, & non ailleurs, finon ceux qui voudront fe reftraindre à ne vendre que des Ufages.

Idem. Art. 22. Et parce que les Vifites font abfolument neceffaires, & que ce qui les a fait ceffer a efté la difficulté d'en venir à bout, depuis que les Libraires, les Imprimeurs, & les Relieurs fe font licentiez de fe loger par tous les endroits de la Ville, au mépris ds nos Ordonnances & Arrefts de noftre Confeil & du Parlement, qui leur défendent de fe loger ailleurs que dans l'Univerfité. Pour faciliter lefdites vifites, contenir chacun en fon devoir, & empefcher qu'il ne s'imprime ny fe debite à l'avenir rien qui foit contraire à nos intentions, ny de fe loger ailleurs que dans ladite Univerfité, lieu deftiné pour les perfonnes de Lettres, ou dans l'enclos du Palais feulement; Ordonnons à tous ceux qui en font hors, d'y retourner dans le jour de Noël prochain pour tous delais; à peine aux contrevenans, outre les peines portées par nos Ordonnances & Arrefts, de confifcation des Imprimeries, ou Marchandifes qui fe trouveront és Boutiques & Eftallages, en quelque lieu qu'ils foient hors lefdites limites, au profit des dénonciateurs, fans autre forme ny figure de procés, & d'eftre décheus de tous leurs Privileges, Franchifes & Libertez, mefme d'eftre privez de pouvoir jamais faire aucun Apprentif, ny d'avoir voye active ou paffive dans les Affemblées de leur Communauté; & pour couper la racine à toutes leurs divifions & à tous les procez qu'ils ont eu, outre ceux jufqu'icy pour raifon defdites limites, Nous voulons qu'ils puiffent fe loger depuis la ruë de la Bucherie, ruë de la Huchette, ruë de la Vieille Bouclerie en montant, jufques aux Portes faint Michel, faint Jacques, faint Marcel & faint Victor.

Idem. 23. Que s'il s'en trouve quelqu'un demeurer hors lefdites limites, ou qui attende à fortir aprés ledit jour de Noël prochain, qu'on l'aille
contraindre en vertu des Prefentes, aprés que le prefent Reglement fera fignifié ; Nous l'avons dés à prefent declaré décheu de tous les Privileges &
graces cy-deffus, & privé de pouvoir faire aucun Apprentif, outre la confifcation de fon Imprimerie ou Marchandifes, fans autre forme ny figure
de procés, au profit de celuy qui le dénoncera.

Arreſt du 19. Septembre 1650. qui enjoint au Baillif du Palais ou fon
Lieutenant, de faire déloger inceffamment lefdits Libraires de deffus le
Pont-neuf & Ifle du Palais, & de mettre leurs meubles fur le carreau.
Enjoint auffi aux Proprietaires des Maifons de les mettre hors d'icelles, à
peine de quatre mille livres d'amende.

Arreſt du 6. Juillet 1663. qui ordonne de tenir les Imprimeries, & Boutiques en l'Univerſité, depuis les ruës de la Bucherie, de la Huchette, de
la vieille Bouclerie, en montant jufqu'aux Portes faint Michel, faint Jacques, faint Marcel, faint Victor, encore qu'ils foient proprietaires des
Maifons en autres lieux, excepté l'enclos du Palais, pour le debit des Livres feulement, à peine de mille livres d'amende, & confifcation des Imprimeries qui fe trouveront ailleurs, &c. Confirmé par autre Arreſt du 6.
Septembre 1663.

Arreſt du 23. Aouſt 1680. contre les Principal, Procureur & Bourfiers
du College de Bayeux, tant en leurs noms que comme prenant le fait &
caufe de Pierre Julien, Libraire & Relieur leur Portier, qui condamne
ledit Julien à fortir dudit College, & feront les Sentences de Police executées.

Reglement pour les Libraires & Imprimeurs de Paris de 1686. Art. 7.
Les Libraires & Imprimeurs qui auront Imprimerie ou Boutique de Librairie, les tiendront dans le quartier de l'Univerſité en même lieu, &
non feparement; & à l'égard des Libraires qui n'auront Imprimerie, ils
pourront tenir leurs Boutiques dans le quartier de l'Univerſité & au dedans du Palais & non-ailleurs, à l'exception neanmoins de ceux qui voudront fe reftraindre à ne vendre que des Heures & petits Livres de prieres
feulement, auquel cas ils pourront encore demeurer aux environs du Palais, & dans la ruë Nôtre-Dame & non-ailleurs, à peine de confifcation
des autres Livres dont ils fe trouveront faifis & d'amende arbitraire, &c.
à l'exception toutesfois des Colleges & Communautez, tant Regulieres
que Seculieres, lieux prétendus Privilegiez & renfermez, efquels nous
défendons aufdits Imprimeurs & Libraires de tenir leurs Imprimeries &
Boutiques, & d'y faire leur demeure, à peine de privation de la Maîtrife,
& de plus grandes peines s'il y échet.

Voyez les autres Autoritez du Reglement pour les Libraires & Imprimeurs de Paris en 1686. page 19. 20. 21. 22. & 23.

ARTICLE IX.

DEFENDONS à tous Imprimeurs de mettre aucun Ecriteau portant qu'ils tiennent Imprimerie ailleurs que dans le lieu où sera actuellement leur Imprimerie, à peine de trois cent livres d'amende pour la
premiere fois, applicable moitié au profit de la Communauté.

AUTORITEZ.

Sentence du 21. Octobre 1663. portant défence de mettre aucuns écri-
teaux, portant *Ceans y a Imprimerie*, *&c.* qu'aux lieux où sont actuellement leurs Imprimeries, & ce dans l'étenduë de l'Université, à peine de
quatre cent livres parisis d'amende.

Arrest du Conseil d'Etat du 17. Février 1667. par lequel Sa Majesté fait
tres-expresses défenses aux Imprimeurs de tenir Presses, ny faire aucune
Impression ailleurs qu'en l'Université, à peine de confiscation des ouvrages qu'ils Imprimeront, de leurs Presses & Caracteres, de cinq cent livres
d'amende, d'interdiction de leur Maîtrise, &c.

ARTICLE X.

Tous les Libraires & Imprimeurs faisant Imprimer des Livres avec Privilege, seront tenus de mettre
en nostre Bibliotheque publique, deux Exemplaires desdits Livres en blanc, desquels ils tireront acquit, un en
celle de nostre Chasteau du Louvre, & un en celle de
nostre tres-Cher & Feal Chevalier Chancelier de France, un mois aprés l'Impression desdits Livres achevée,
le tout à peine de nullité des Privileges; Seront pareillement tenus de remettre un autre Exemplaire desdits

Livres

Livres entre les mains du Syndic & Adjoints de la
Communauté des Libraires & Imprimeurs , qui s'en
chargeront au profit de ladite Communauté.

AUTORITEZ.

Declaration de Louis X I I I. à Paris, au mois d'Avril 1617. Avons
ordonné, qu'à l'avenir ne sera octroyé à quelque personne que ce soit ,
aucun Privilege pour faire Imprimer ou exposer en vente aucun Livre, sinon
à la charge d'en mettre gratuitement deux Exemplaires en nostre Bibliotheque publique. Et ne commenceront les Marchands Libraires , ny autres personnes , à joüir du Privilege , que du jour que lesdits deux Exemplaires auront esté par eux fournis en nostredite Bibliotheque, dont ils
prendront Attestation, ou Certificat du Garde d'icelle. L. P R. en Parlement le 7. Septembre 1617.

Reglement de 1618. pour les Libraires & Imprimeurs de Paris Art. 8.
Tous Libraires, Imprimeurs ou Relieurs, faisant Imprimer Livres avec
Privileges, sont tenus bailler & mettre en la Bibliotheque du Roy , deux
Exemplaires desdits Livres en blanc, desquels ils tireront Acquit, & outre ce, ils sont tenus mettre és mains du Syndic & Adjoints aussi un Exemplaire de chacun Livre qu'ils Imprimeront , huit jours aprés les Impressions desdits Livres, pour estre employé aux affaires de la Communauté.

Sentence du 23. Novembre 1619. contre Pierre Louis Février & Marie
Hedin , veuve de feu Julien Berthault , par laquelle ils sont condamnez
mettre és mains du Syndic & Gardes, un Exemplaire entier & parfait de
tous les Livres qu'ils ont Imprimez ou fait Imprimer, tant en general que
particulier, & à ce faire contraints solidairement, sauf leur recours les uns
contre les autres, & envers leurs Associez, & ce huit jours aprés qu'ils seront parachevez d'imprimer , & à toutes les fois qu'ils seront Réimprimez,
à faute de ce faire payeront doublement: Et sera ladite Sentence commune avec tous les Libraires, Imprimeurs & Relieurs de cette Ville de
Paris , & executée nonobstant oppositions ou appellations quelconques ,
faites ou à faire.

Sentence du 13. Aoust 1620. par laquelle Nicolas Rousset est condamné
mettre és mains du Syndic desdits Libraires, un Exemplaire d'un Livre
qu'il avoit fait afficher, & condamné aux dépens, avec défenses à tous autres d'afficher avant que d'en avoir donné un Exemplaire au Syndic ou
Adjoints.

Arrest du Conseil d'Estat du 29. Mars 1656. Ordonne que tous Auteurs,

Libraires & Imprimeurs, tant du Royaume qu'Eftrangers, qui ont obtenu Privilege, feront tenus de fournir les Exemplaires des Livres qu'ils
font obligez, par les Lettres, de mettre aux Bibliotheques du Roy & de
Monfieur le Chancelier, & à faute de ce faire, Sa Majefté a dés à prefent
caffé & revoqué lefdits Privileges.

Voyez les autres Autoritez du Reglement, pour les Libraires & Imprimeurs de Paris en 1686. page 16.

ARTICLE XI.

Defendons à toutes perfonnes autres qu'aux
Maiftres Libraires & Imprimeurs de tenir Boutiques
ou Magazins de Livres, & d'acheter pour revendre en
gros & en détail aucuns Livres reliez ny en blanc, ou
vieux Papiers, fous le titre de Papier à la Rame, ou de
vieux Parchemins.

AUTORITEZ.

Arreft du 27. Juin audit an 1577. La Cour, veu les Conclufions du
Procureur General, fit inhibitions & défenfes à toutes perfonnes de quelque eftat, qualité & condition qu'elles foient, qui ne font Libraires ou
Relieurs, & qui n'en ont efté Apprentifs, tenir Boutique ny magazin, vendre ny acheter en gros ny en détail aucuns Livres, grands ou petits, de
quelque forte qu'ils foient, Heures ny Breviaires, reliez, blancs, neufs ou
fripez, ny vieux Papiers, que l'on dit à la Rame, & vieux Parchemins.

Arreft du Parlement du dernier Février 1609. contre les Marchands
Merciers, qui leur défend de vendre ny acheter en gros ou en détail,
aucuns Livres grands ou petits, Heures ny Breviaires, reliez, blancs ou
fripez, mais feulement de vendre des A. B. C. & des Almanachs.

L'an 1612. le 23. jour d'Aouft, fut donné Arreft contradictoire, & fur
production des parties, entre les Syndic & Gardes de la Communauté des
Marchands Libraires & Imprimeurs de la Ville de Paris, Demandeurs en
execution d'Arreft, fuivant la Requête par eux prefentée à la Cour le 4.
Février precedent d'une part: Et les Maîtres & Gardes de la Marchandife
de Mercerie & Papetiers de Paris, Défendeurs d'autre. Par lequel la Cour
a fait inhibitions & défenfes aux Défendeurs de vendre n'y acheter aucun

Livres grands ou petits, en gros ou en détail, Heures, Prieres ou Breviaires, reliez ou blancs, ou fripez, à peine de confiscation d'iceux, & d'a-
mende arbitraire. Pourront neanmoins vendre des A. B. C. D. & des Almanachs feulement, comme il leur a esté cy-devant permis, & font condamnez és dépens. Acquiefçant auquel Arreft, lefdits Merciers deman-
derent & obtinrent de la Cour plufieurs delais pour fe défaire des Livres
qu'ils avoient en leur poffeffion : Et depuis lefdits Merciers ayant obtenu
Lettres en forme de Requête civile contre ledit Arreft du 23. jour d'Aouft
1611. & autres Lettres de Declaration du Roy, qu'ils avoient par furprife
fait verifier en la Cour, à l'execution defquelles les Libraires fe feroient
oppofez, feroit intervenu Arreft le 17. Decembre 1616. par lequel fur la
Requête civile, les Parties furent mifes hors de Cour & de Procés. Et
neanmoins faifant droit fur l'inftance d'oppofition; Ordonne la Cour,
que lefdits Maîtres & Gardes de la Marchandife de Mercerie, Grofferie
& Joyallerie, pourront continuer la vente tant en gros qu'en détail, des
Almanachs & Alphabets, comme ils ont fait cy-devant; & encore vendre toutes fortes d'Heures & Prieres imprimées hors de cette Ville de Paris, fans toutesfois pouvoir par lefdits Maîtres & Gardes vendre Breviaires, Diurnaux & Pfautiers, &c.

    Arreft contradictoire du 17. Octobre 1612. par lequel eft fait défence
aux Merciers, Papetiers & Quincailliers de vendre aucuns Livres, à peine
de confifcation.

    Arreft contradictoire du 23. Octobre 1613. par lequel de grace a efté
accordé aux Marchands Merciers un délay de trois mois, pour vendre les
Livres & Heures qui leur reftoient, avec défenfes d'en acheter d'autres.

    Sentence du 3. Septembre 1664. contre Gilles Defchamps Marchand
Mercier à Paris, qui faifoit negoce de Livres : Nous difons que les fix
douzaines, tant grands que petits du Manuel de devotion, qui ont efté
trouvez à la vifite avec des A. B. C. feront confifquez au profit de la
Communauté, & faifons défenfes audit Defchamps de plus entreprendre
fur ladite Communauté, & pour la faute commife, le condamnons en
trois livres quatre fols parifis d'amende, & aux dépens.

    Sentence contradictoire du Châtelet du 6. Septembre 1667. renduë au
profit de la Communauté des Marchands Libraires, contre Pierre de
Laiftre & Pierre Martin, Marchands Mercier, par laquelle le ballot de
Livres fur eux faifi, a efté confifqué, & l'Arreft du 6. Octobre 1667.
executé.

    Voyez les autres Autoritez du Reglement, pour les Libaires & Impri-
meurs de Paris en 1686. page 28. & 29.

C ij

ARTICLE XII.

DEFENDONS à tous Libraires ou Imprimeurs & à tous autres, d'acheter aucuns Livres, vieux Parchemins ou Papiers, des Enfans & Serviteurs des autres Libraires & Imprimeurs , des Ecoliers , Serviteurs domeſtiques , ou autres perſonnes inconnuës, s'ils n'en ont le conſentement par écrit de leurs Maiſtres, ou s'ils ne ſont certifiez par d'autres perſonnes connuës & capables d'en répondre ; de tous leſquels Papiers , Livres à la Rame , & vieux Parchemins ainſi achetez , il ſera fait mention ſur les Livres de ceux qui en auront fait l'achat, enſemble de la qualité dont ils ſeront , & du nom & demeure de ceux qui les auront vendus , le tout à peine d'eſtre civilement reſponſables de tout ce qui ſe trouvera avoir eſté mal pris, & d'amende arbitraire contre les Contrevenaus.

A U T O R I T E Z.

L'an 1577. les Recteurs , Docteurs, Regens, & les 24. Jurez & Suppoſts de l'Univerſiré de Paris , par Requeſte preſentée à la Cour, firent plainte, que pluſieurs tant Fripiers , Coûturiers, Savetiers, que Revendeurs, & pluſieurs autres perſonnes s'ingeroient, & de fait achetoient & vendoient ordinairement des Livres tant neufs que fripez, ſubornans & recelans pluſieurs Enfans, Ecoliers & Serviteurs des Libraires, meſmes vendoient des Parchemins & Papiers, dont il eſtoit ſurvenu pluſieurs inconveniens , & alloient par les Maiſons ſuſciter les Serviteurs & Servantes, tant pour Livres , Papiers, Regiſtres & Parchemins, qu'autres choſes, qui pouvoient porter conſequence : Surquoy intervint Arreſt du 27. Juin 1577. qui défendit auſſi à tous Libraires, Imprimeurs, Relieurs, & à toutes autres perſonnes de quelque état, qualité & condition qu'elles ſoient, de n'acheter ny faire acheter aucuns Livres blancs ny reliez, neufs ou fripez, ny Papiers blancs ou Imprimez d'aucunes perſonnes, que pre-

mierement ils n'ayent affurance ou aveu de ceux qui les font vendre, envers lefquels avant que les acheter, ils feront tenus aller ou envoyer leur
notifier, & s'informer d'eux, ou des Hoftes de ceux qui les apporteront à
vendre, & aiñfi les ayant achetez, en tiendront Regiftre, où ils feront tenus infcrire le jour de l'achat, & les noms tant des Livres que des Vendeurs, avec leur demeure. Sont auſſi fait défences à toutes perfonnes de
fuborner les Enfans ou Serviteurs d'aucuns Libraires, Imprimeurs, Relieurs, ou autres, vendre ny acheter aucuns Livres, ny autres chofes d'eux,
ny d'Ecoliers, fans aveu de leurs Peres, Maiftres, Regens, ou Pedagogues,
à peine de pareille punition que les Recelleurs de Larrons, & confifcation
defdits Livres, & autres chofes deffufdites, & d'amende arbitraire contre les contrevenans. Et ordonné que le prefent Arreft feroit leu & publié
par les Carrefours de cette Ville de Paris, & Faux-bourgs d'icelle, és
lieux accoûtumez, à ce qu'aucun n'en pretende caufe d'ignorance. Ce qui
fut fait le 3. jour d'Aouft enfuivant.

Voyez les autres Autoritez du Reglement des Libraires & Imprimeurs
de Paris de 1686. page 32.

ARTICLE XIII.

DEFENCES font auffi faites à toutes perfonnes
de quelque qualité & condition qu'elles foient de
vendre en Chambre, ou Magazins particuliers, aucune forte de Livres en blanc ou reliez, vieux, ou
nouveaux, mefme fous pretexte de les vendre à
l'encan.

AUTORITEZ.

Arreft du Parlement du 27. Juin 1577. Fait défences à toutes perfonnes
de quelque état, qualité & condition qu'elles foient, s'ils ne font Libraires, tenir Boutiques ny Magazins, vendre ny acheter en gros ou en détail
aucuns Livres, Heures ny Breviaires, reliez, blancs, neufs ou fripez, à
peine de confifcation & d'amende arbitraire, confirmé par Arreft du dernier Février 1609.

Reglement de 1610. pour les Libraires & Imprimeurs de Paris Article
21. Défences font faites, fuivant les Edits & Arrefts, à toutes perfonnes
qui font Libraires, Imprimeurs ou Relieurs, & qui n'ont efté Apprentifs
en cette Ville de Paris, de tenir Boutiques ou Magazins de Livres, pour
vendre en gros & en détail, à peine de confifcation & d'amende.

C iij

Arreſt du 23. Aouſt 1611. entre les Syndic & Adjoints de la Communauté des Imprimeurs & Libraires, & les Maiſtres & Gardes de la Marchandiſe de Mercerie & Papeterie de Paris : Par lequel la Cour fait défences auſdits Marchands Merciers de vendre aucuns Livres, grands ou petits, en gros ou en détail, Heures, Prieres ou Breviaires, reliez, en blanc ou fripez, à peine de confiſcation & d'amende arbitraire, & condamnez aux dépens.

Article ſecond du Reglement pour les Libraires de la Ville de Lyon en 1675. Défences ſont faites à toutes ſortes de perſonnes de quelque qualité & condition qu'elles ſoient, d'exercer ou faire exercer le negoce de Marchandiſes de Librairie en cette Ville de Lyon, directement ou indirectement en aucune maniere que ce ſoit, en Boutique, Magazin, ou autrement, à moins qu'ils ne ſoient Marchands Libraires de cette dite Ville, leurs Fils, & Veuves.

Sentence du 21. Aouſt 1682. entre les Syndic & Adjoints de la Communauté des Libraires, & de Blegny Maiſtre Chirurgien, qui ſe meſloit d'avoir Boutique de Librairie. Ordonnons que tous les Livres, tant reliez qu'en blanc ſaiſis, demeureront confiſquez au profit de la Communauté des Libraires & Imprimeurs. Faiſons défences audit de Blegny de plus contrevenir aux Reglemens, Statuts & Arreſts concernant ladite Communauté, & de vendre & debiter, ou faire vendre aucuns Livres dans cette Ville de Paris, meſme ceux de ſa compoſition, ſinon par un Libraire, ſur telle peine qu'il appartiendra ; Et condamnons ledit de Blegny aux dépens.

Voyez les autres Autoritez du Reglement pour les Libraires & Imprimeurs de Paris de 1686. page 33.

ARTICLE XIV.

N E pourront auſſi les Libraires & Imprimeurs, vendre aucuns Livres en d'autres lieux que dans les Boutiques, le tout à peine de confiſcation & d'amende arbitraire.

A U T O R I T E Z.

Declaration de François I. du dernier Aouſt 1539. Art. 16. leſquels Livres ſe vendront auſdites Officines, & non ailleurs. Confirmé par autre Declaration du mois de Decembre 1541. & par Arreſt au Grand Conſeil du 11. Septembre 1544. pour les Libraires & Imprimeurs de la Ville de Lyon.

Reglement pour les Libraires & Imprimeurs de Paris en 1618. Art. 5. & 79.

Les Imprimeurs ne pourront Imprimer aucuns Livres qu'en leurs Offici-nes & Ouvrois.

Lesquels ne se pourront vendre ailleurs qu'és Boutiques & Officines desdits Imprimeurs & Libraires, &c.

ARTICLE XV.

I l est pareillement défendu à tous Libraires & Imprimeurs, de faire aucuns Etalages de Livres , & d'avoir des Boutiques portatives en quelque endroit que ce soit, mesme de tenir leurs Boutiques ordinaires ouvertes les jours de Dimanches & Festes , à peine d'amende.

AUTORITEZ.

Reglement de 1618. pour les Libraires & Imprimeurs de Paris Article 10. Est pareillement défendu à tous Libraires, Imprimeurs & Relieurs, de faire Estalage ny tenir Boutique portative en quelque endroit que ce soit, pour vendre Livres, ny mesme estaler les Festes, à peine de confisca-tion de ce qui se trouvera , & d'amende arbitraire.

Sentence du 3. Decembre 1619. contre les nommez Duchesne, Beauplay, du Bois, Mesnier, Sausiere & Pepinguy, desquels les Marchandises saisies furent declarées confisquées, avec défenses de plus étaler, vendre ny de-biter aucunes Marchandises les Dimanches & Festes , à peine de punition corporelle.

Reglement de 1649. Pour les Libraires & Imprimeurs de Paris Art. 24. pour remettre autant que nous pourrons l'Imprimerie & la Librairie en honneur , & retrancher les choses qui tendent à son avilissement : Nous défendons conformément aux Ordonnances , Arrests de nostre Conseil & de nostre Parlement, à toutes personnes pour quelque cause & sous quel-que pretexte que ce soit, d'avoir aucune Boutique portative , n'y d'e-taller aucuns Livres; Enjoignant à tous les Marchands Libraires & Im-primeurs, & toutes autres personnes qui ont étallage , principalement sur le Pont-neuf ou és environs, ou en quelqu'autre endroit de la Ville que ce puisse estre , de se retirer & prendre Boutique dans le jour de Noël aux lieux cy-devant désignez, & non ailleurs, à peine ledit temps passé d'estre châtiez comme refractaires à nos Ordonnances , outre la confiscation de leurs Marchandises, que nous voulons estre adjugées au profit du premier qui les dénoncera, sans autre forme ny figure de procés , nonobstant op-

pofitions ou appellations quelconques, dont nous rendons les Syndic &
Adjoints refponfables en cas de contravention.

Arreft du Confeil Privé du 10. Février 1665. portant défence d'avoir
aucuns étallages de Livres en quelques endroits que ce foit, &c.

Voyez les autres autoritez du Reglement, pour les Libraires & Imprimeurs de Paris de 1686. page 34. & 35.

ARTICLE XVI.

Et d'autant que certains Porteurs de Balles, &
foy difans Merciers, allant par la Campagne fous pretexte de vendre des Heures & de petits Livres, ont
fouvent apporté des Païs Etrangers, vendu & debité
en divers lieux des Libelles diffamatoires, Memoires
contre l'Etat & la Religion, des Livres défendus ou
contrefaits ; Défences font faites aux Porteurs de
Balles & pretendus Merciers ou autres qui ne font
Imprimeurs ou Libraires, d'avoir ; vendre ny debiter
aucuns livres, de quelque nature & qualité qu'ils puiffent eftre, à peine de punition corporelle & de confifcation defdits Livres & Marchandifes qui y feront
jointes.

AUTORITEZ.

Declaration d'Henry II. du 27. Juin 1551. Art, 11, Et parce qu'il eft
fouvent avenu plufieurs fautes des Portes-paniers, qui fous couleurs de
vendre quelques Marchandifes, portent fecrettement des Livres venans
de Genéve, & autres lieux mal-famez : Il ne fera permis dorefnavant aufdits Porte-paniers de vendre Livres, grands ou petits ; mais fi aucuns en
portent & expofent en vente, feront faifis & mis en noftre main, comme à
Nous acquis & confifquez, avec toute autre Marchandife qu'ils porteront : Et neanmoins feront punis pour la contravention á ce prefent Article, felon leur qualité, & ainfi que les Juges veront eftre à faire.

Arreft du Parlement du dernier Février 1699. contre les Marchands
Merciers de la Ville d'Orleans, au profit des Marchands Libraires de

ladite

ladite Ville ; qui ordonne que lefdits Merciers ne vendront que des
A. B. C. & Almanachs, felon qu'ils avoient cy-devant fait , leur faifant
inhibitions & défences de vendre ny acheter en gros ou en détail aucuns
Livres , grands ou petits , Heures ny Breviaires , reliez, blancs ou fripez.

TITRE III.

DES FONDEURS DE CARACTERES
d'Imprimerie.

ARTICLE XVII.

CEux qui feront la Profeffion de Fondeurs ,
feront reputez du Corps de la Communauté des
Imprimeurs & Libraires , en fe prefentant aux Syndic
& Adjoints, & fe faifant infcrire fur le Regiftre de ladite Communauté en ladite qualité de Fondeurs de
Caracteres, ce qui fera fait fans aucuns frais ; Seront
lefdits Fondeurs de Lettres ainfi infcrits fur ledit Regiftre, tenus de faire leur refidence , & de travailler
dans le quartier de Saint Nizier cy-deffus marqué ,
& de declarer fur ledit Regiftre toutes & chacunes les
Fontes qu'ils delivreront pour eftre envoyées hors la
Ville de Lyon à peine de confifcation & autres plus
grandes peines felon l'exigence du cas ; Seront lefdits
Imprimeurs , tenus de faire femblables Declarations
pour les Imprimeries , Preffes , ou parties d'icelles qui
feront par eux vendus.

AUTORITEZ.

Declaration de François I. du dernier Aouft 1539. Article 18. Et pource
que le Métier des Fondeurs de Lettres eft connexe à l'Art d'Imprimeur ,

& que les Fondeurs ne se disent Imprimeurs, ne les Imprimeurs ne se disent Fondeurs, lesdits Articles & Ordonnances auront lieu , quant aux amendes, inhibitions & défenses és peines susdites , aux Compagnons & Apprentifs Fondeurs, ainsi qu'és Compagnons & Apprentifs Imprimeurs. Lesquels, outre les choses dessusdites, seront tenus d'achever les Fontes de Lettres par eux encommencées, & les rendre bonnes & valables, autrement seront tenus aux interests & dommages des Maistres : Et commenceront à besongner par chacun jour à cinq heures du matin, & pourront délaisser à huit heures du soir, qui sont les heures accoûtumées d'ancienneté. Confirmée par le mesme Roy en Decembre 1541. & 1544. pour les Libraires & Fondeurs de Caracteres de la Ville de Lyon & par Charles IX. en 1571. Article 18. pour lesdits Imprimeurs de la Ville de Lyon.

Ordonnance du 17. Mars 1663. portant défences à tous Fondeurs de Lettres , sur peine d'amende arbitraire, de vendre leurs Fontes qu'aux Maistres Imprimeurs, & les declarer au Syndic, qui en tiendra Regiftre.

Sentence du 30. Avril 1680. entre les Syndic & Adjoints de la Communauté, & Antoine Maillet Marchand ruë Saint Dénis , qui avoit chez luy une Fonderie, par laquelle Sentence luy fut fait défences de faire fondre des Caracteres, & les Caracteres fondus confisquez au profit de la Communauté , & aux dépens.

ARTICLE XVIII.

L E s Maistres Fondeurs ne pourront prendre ny retirer les Apprentifs ou Compagnons l'un de l'autre , sur peine de 50 livres d'amende, & des dommages & interests du Maistre que l'Apprentif, ou Compagnon aura quitté.

A U T O R I T E Z.

Declaration de François I. du dernier Aouft 1539. Article 15. Lesdits Maistres ne pourront souftraire ne retirer malicieusement à eux les Apprentifs, Compagnons Fondeurs, ne Correcteurs, l'un de l'autre , sur peine des interests & dommages de celuy qui aura fait la fraude, & d'amende arbitraire. Confirmée par le mesme Roy en Decembre 1541. & 1544. pour les Imprimeurs & Libraires de la Ville de Lyon , & aussi par Charles IX. en 1571. Article 15. pour lesdits Libraires & Imprimeurs de Lyon.

ARTICLE XIX.

LA liberté d'Imprimer , Tailler , Graver , vendre & debiter des Almanachs , demeurera comme auparavant.

AUTORITEZ.

Reglement de 1618. pour les Imprimeurs & Libraires de Paris Article 13. La liberté d'Imprimer , Tailler, Graver, vendre & debiter des Almanachs , demeurera comme auparavant.

Arreft du 15. Juillet 1608. contre Claude du Brueil, qui avoit obtenu Lettres de Privilege pour l'Impreffion des Almanachs. Il y a auffi Arreft contre Guillaume Marette, lequel avoit obtenu pareilles Lettres de Privilege pour l'Impreffion des A. B. C.

TITRE IV.

DES APPRENTIFS IMPRIMEURS & Libraires.

ARTICLE XX.

AUcun Libraire ne poura eftre admis à faire Apprentiffage d'Imprimeur ou Libraire, s'il n'eft congru en Langue Latine , & s'il n'en rapporte un Certificat de celuy qui fera commis & nommé par le Lieutenant General de la Ville de Lyon. A cet effet, le temps d'Apprentiffage fera de cinq années pour les Imprimeurs, & de quatre pour les Libraires , fuivant l'ufage obfervé de tout temps en la Ville de Lyon.

D ij

A U T O R I T E Z.

Declaration & Reglement du 10. Septembre 1571. Art. 9. portant que nul Apprentif Compofiteur, ne fera receu à fon Apprentiffage, qu'il ne fçache lire & écrire.

Arreft du dernier Février 1609. en interpretation de celuy du 17. Juin 1577. par lequel le temps d'Apprentiffage eft limité à trois ans, & celuy de fervir les Maiftres, à deux ans continuels.

Reglement de 1610. pour les Imprimeurs & Libraires de Paris Art. 10. ne fera receu aucun Apprentif ou Compagnon à ladite Imprimerie, qu'il n'ait étudié.

Arreft du 26. May 1615. tout Apprentiffage eftoit limité à quatre années.

Reglement de 1618. pour les Libraires & Imprimeurs de Paris Article 11. Pour les Imprimeurs par le temps & efpace de quatre années, & pour les Libraires de cinq années confecutives.

Reglement de 1649. pour les Imprimeurs & Libraires de Paris, verifié au Parlement le 7. Septembre 1650. Article 4. Tous Apprentifs feront obligez l'efpace de quatre années.

Idem. Article 5. Enjoignons à l'avenir de prendre feulement un Apprentif, jeune, de bonne vie & mœurs, Catholique, originaire François, capable de fervir le public, congru en la Langue Latine, & qui fçache lire le Grec, dont il aura Certificat du Recteur de l'Univerfité.

Article 5. du Reglement des Libraires de la Ville de Lyon en 1675. & pour prevenir les abus & inconveniens qui pourroient arriver par l'ignorance & incapacité de ceux qui pourroient pretendre d'eftre admis & receus pour Marchands Libraires; ne fera permis aufdits Marchands Libraires de cette ditte Ville, de prendre aucuns Apprentifs qu'ils n'ayent étudié en la Langue Latine jufques en humanité, ou du moins fait leur troifiéme Claffe, & ne pourront les obliger pour moins de quatre années entieres & confecutives.

ARTICLE XXI.

Tous Brevets d'Apprentiffage, feront paffez pardevant Notaires en la Chambre de la Communauté en preſence & du conſentement des Syndic & Adjoints, & ſera le Brevet tranſcrit ſur le Livre de la Communauté à la diligence du Maître, auquel l'Apprentif aura eſté obligé, & ce dans un mois pour tout delay, à peine de nullité du Brevet d'Apprentiſſage & des dommages & intereſts de l'Apprentif contre le Maître.

AUTORITEZ.

Arreſt du 26. May 1615. qui veut que l'Apprentif ſoit tenu d'apporter ſon Brevet d'Apprentiſſage, huit jours au plus-tard, aprés qu'il aura eſté paſſé chez les Notaires, pour voir le jour qu'il ſera entré chez ſon Maiſtre, & eſtre enregiſtré dans le Livre du Syndic, ſuivant l'Arreſt du 3. jour de Juillet 1604. contre Fleury Bourriquant.

Sentence du Châtelet du 20. Mars 1641. qui fait défences à tous Marchands Libraires, de paſſer aucuns Brevets d'Apprentiſſage qu'en la Chambre Syndicale.

Reglement de 1649. Article 6. Enjoignons au Maiſtre d'aller inſcrire l'Apprentif qui ſe ſera obligé ſur le Livre du Syndic, où ſera fait mention du Notaire pardevant qui l'obligé aura eſté paſſé, un mois au plus tard aprés la paſſation d'iceluy, à peine de nullité dudit Brevet, & d'amende applicable.

Sentence 21. Octobre 1663. portant défences de paſſer aucuns Brevets qu'en la preſence des Syndic & Adjoints, & en leur Chambre de Communauté, dont ils ſeront tenus tenir Regiſtre, &c.

Sentence du 23. Juin 1665. contre Jacques Langlois, qui avoit paſſé un Brevet d'Apprentiſſage d'un nommé Taſſet, à l'inſçû des Syndic & Adjoints, & en autre lieu qu'en la Chambre Syndicale, lequel Brevet fut déclaré nul, & ledit Langlois condamné à quarante-huit livres pariſis d'amende, & aux dépens.

Article ſeptiéme du Reglement des Libraires de Lyon en 1675. Tous les Marchands Libraires de cette-dite Ville qui ont à preſent, ou qui prendront cy-aprés des Apprentifs, ſeront tenus d'en avertir incontinent le Syndic, pour faire enregiſtrer le Brevet de leurs Apprentiſſages dans le Livre ou Regiſtre de ladite Communauté.

D iij

ARTICLE XXII.

NE fera loifible aux Imprimeurs & Libraires d'a-
quitter ny faire aucune compofition pour quelque caufe que ce foit du temps porté par le Brevet d'Apren-
tiffage, ny de prendre aucun argent pour rédimer ou
abreger le temps porté par l'Article cy-deffus à peine
de mille livres d'amende contre le Maiftre, & auquel
cas l'Apprentif fera tenu de fervir encore le double
du temps qui luy aura efté remis.

AUTORITEZ.

Sentence du Châtelet du 4. Juillet 1601. contre Claude Barbier &
Petit, qui avoient remis une année d'Apprentiffage. Declarons ledit Brevet nul, & défencés aufdits de s'en aider, ny de plus ufer de telle voye,
& condamnons lefdits en vingt fols chacun d'amende.

Sentence du 4. Aouft 1609. contre François Gregoire, & Nicolas Flamand fon Apprentif, á qui il avoit remis une année de fon temps. Ordonnons que ledit Flamand fera tenu & par corps, à parachever l'année
reftante de fon Apprentiffage; & faifons défences audit Gregoire & à tous
Libraires & Relieurs, de donner aucunes Quittances á leurs Apprentifs,
ny leur rendre leur Brevet, qu'ils n'ayent fait le temps porté par iceluy,
fur peine de cent livres parifis d'amende.

Article 5. du Reglement des Libraires de Lyon de 16 ne pourront
les Maiftres faire aucune compofition pour quelque caufe que ce foit,
du temps porté par le Brevet de leur Apprentiffage, ny recevoir de l'argent pour abreger ledit temps, ou pour favorifer les abfences defdits Apprentifs.

ARTICLE XXIII.

LES Imprimeurs qui n'auront que deux Preffes,
ne pourront avoir qu'un Aprentif, & les autres qui
auront plus grand nombre de Preffes en peuvent avoir
jufqu'à deux ; & à l'égard des Libraires, ils ne pourront
avoir plus d'un Aprentif à la fois.

AUTORITEZ.

Declaration & Reglement du Roy du 10. Septembre 1572. Art. 1. en interpretant le 3. Article de l'Edit du mois de Decembre 1541. 1544. & du mois de May 1571. pour les Libraires & Imprimeurs de la Ville de Lyon, dit que les Maiſtres ne pourront avoir plus de deux Apprentifs à chacune Preſſe travaillante ; ſçavoir, l'un à la Preſſe & l'autre à la Caſſe, &c. auſquels Apprentifs leſdits Maiſtres ſeront tenus leur montrer l'Art d'Imprimerie, ſans que pour raiſon de ce, leſdits Compagnons ſoient détournez & divertis de leur labeur.

Arreſt du 26. May 1615. qui limite le nombre des Apprentifs pour tous, à deux ſeulement, leſquels ſeront obligez pendant quatre années, & ſerviront les Maiſtres deux années.

Reglement de 1618. pour les Libraires & Imprimeurs de Paris Article 8. Les Imprimeurs ayant deux Preſſes, ne pourront avoir que deux Apprentifs ; & les autres qui auront plus grand nombre deſdites Preſſes, pourront avoir trois Apprentifs, & non plus, & le Libraire un Apprentif ſeulement.

Article 5. du Reglement des Libraires de Lyon en 1675. Les Libraires n'en pourront tenir qu'un à la fois, ou du moins prendre un nouveau qu'un an auparavant que le temps de celuy qu'ils auront à leur ſervice ſoit expiré.

ARTICLE XXIV.

LE.s Libraires & Imprimeurs, ne pourront prendre aucuns nouveaux Apprentifs, que le temps des premiers ne ſoit expiré, ou du moins avant la derniere année de l'Apprentiſſage commencé ; Ils ne pourront auſſi prendre aucuns Apprentifs qui ſoient mariez.

AUTORITEZ.

Arreſt du 26. May 1615. qui défend de prendre des Apprentifs mariez.

Reglement de 1618. Pour les Imprimeurs & Libraires de Paris Article 11. Tous Libraires, Imprimeurs & Relieurs ne pourront prendre aucuns nouveaux Apprentifs, que le temps de leurs premiers ne ſoit expiré, ou du moins six mois auparavant ; aussi ne pourront avoir Apprentifs qui soient mariez.

Reglement de 1649. Pour les Libraires & Imprimeurs de Paris Article 5. Défendons aux Imprimeurs & Libraires de prendre & obliger des Apprentifs mariez.

Sentence du Châtelet du 10. Novembre 1665. portant cassation & nullité des Brevets d'Apprentissage de ceux qui se trouveroient mariez, & de ceux qui se mariroient pendant leur Apprentissage.

ARTICLE XXV.

L'APPRENTIF s'absentant de la Maison de son Maistre, sera tenu de faire le double du temps de son absence, pour la premiere fois, & pour la seconde il sera décheu de son Apprentissage, sans qu'il puisse y estre receu à l'avenir ; à cet effet les Maistres seront tenus d'avertir les Syndic & Adjoints du jour de l'absence de leur Apprentif, pour en estre fait mention sur le Livre de la Communauté & sur le Brevet d'Apprentissage.

A U T O R I T E Z.

Reglement de 1618. Pour les Imprimeurs & Libraires de Paris Article 5. L'Apprentif s'absentant du logis de son Maistre, sera tenu de faire le double du temps de son absence pour la premiere fois, & pour la seconde, renoncera audit état. Et afin d'obvier aux abus qui s'y pourroient commettre, seront tenus les Maistres d'avertir les Syndic & Gardes, du jour de l'absence dudit Apprentif, pour estre écrit sur le Livre dudit Syndic.

ARTICLE XXVI.

L'APPRENTIF aprés le temps porté par le Brevet d'Apprentissage, retirera Quittance au bas de son Brevet, comme il l'aura servy le temps y contenu, & sera la Quittance delivrée en la Chambre de la Communauté

munauté en prefence des Syndic & Adjoints qui en feront mention fur le Livre de ladite Communauté.

AUTORITEZ.

Declaration de François I. en Decembre 1541. Confirmé par Arrefts du Grand Confeil en Septembre 1544. Pour les Libraires & Imprimeurs de la Ville de Lyon, Confirmé par Charles IX. à Gaillon, en May 1571. Article 19. Tous Apprentifs, fuivant l'Art d'Imprimerie, feront leur apprentiffage par temps fuffifant fous Maiftres Imprimeurs, aprés lequel temps prendront atteftation du Maiftre fous lequel ils auront fait leur Apprentiffage, confirmée le 10. Septembre 1572. Article 9.

Arreft du 26. May 1615. qui ajoûte , que dans la huitaine aprés le temps du fervice accomply, les Compagnons apporteront leur Brevet & Quittance écrite au dos par leurs Maiftres, tant du temps dudit Apprentiffage, que du fervice qu'ils auront rendu à leurfdits Maiftres, pour eftre déchargez fur le Livre du Syndic, à peine de nullité defdits Brevets.

Reglement de 1618. des Libraires & Imprimeurs de Paris Art. 6. Ledit Apprentif, aprés le temps porté par fon Brevet d'Apprentiffage , retirera Quittance de fon Maiftre au bas de fondit Brevet, comme il aura fervy le temps y contenu, & en fin d'iceluy fera tenu fervir les Maiftres en qualité de Compagnon.

Article 7. du Reglement des Libraires de Lyon en 1675. L'Apprentif aprés le temps porté par fon Brevet, retirera la Quittance à la fin d'iceluy. Cependant lefdits Apprentifs, qui font à préfent en Apprentiffage chez lefdits Marchands Libraires de cette Ville, aprés avoir achevé le temps porté par le Brevet de leurdit Apprentiffage, feront obligez d'éxecuter le contenu en ce préfent Reglement en tout ce qui les concerne.

ARTICLE XXVII.

LES Fils de Maiftres ne feront tenus de faire aucun Apprentiffage , mais ils ne pourront eftre receus Maiftres s'ils n'ont les qualitez requifes en ceux qui doivent eftre admis à la Maîtrife,

E

AUTORITEZ.

Arreſt du 26. May 1615. Ne feront les Enfans des Maiſtres Imprimeurs & Libraires, ſujets à l'Apprentiſſage, ny à aucune contribution.

Reglement de 1618. Pour les Imprimeurs & Libraires de Paris Article 19. Les Enfans des Maiſtres Imprimeurs, Libraires & Relieurs, ne feront ſujets à l'Apprentiſſage, ny à aucune contribution; ains feront receus par les Syndic & Adjoints, à leur premiere requeſte, & ſans aucuns frais.

Reglement de 1649. verifié le 7. Septembre 1650. Pour les Libraires & Imprimeurs de Paris Art. 8. Ne feront les Fils de Maiſtres tenus à aucun Apprentiſſage, & feront receus ayant les qualitez requiſes, qui ſont d'avoir Certificat du Recteur comme ils ſçavent le Latin & lire le Grec.

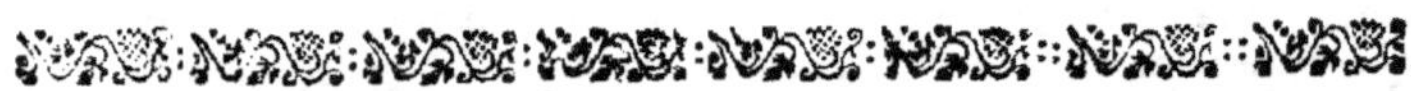

TITRE V.

DES COMPAGNONS IMPRIMEURS & Libraires.

ARTICLE XXVIII.

LES Compagnons & Apprentifs, ne feront aucuns Feſtins ou Banquets, ſoit pour Entrée, Iſſuë d'Apprentiſſage, ny autrement pour quelque cauſe & raiſon que ce ſoit.

AUTORITEZ.

Declaration de François I. du dernier Aouſt 1539. Article 4. Leſdits Compagnons & Apprentifs ne feront aucuns Banquets, ſoit pour entrée ou iſſuë d'Apprentiſſage, ny autrement, pour raiſon dudit Art, ſur les peines que deſſus. Confirmé par le meſme Roy pour les Imprimeurs & Libraires de la Ville de Lyon au mois de Decembre 1541. & en Septembre 1544.

Ordonnance de Charles IX. donnée à Gaillon, en May 1571. Article 5. Faisons défences à tous Compagnons & Apprentifs de faire aucuns Banquets, qu'ils appellent (*Proficiat*,) foit pour entrée ou iffuë d'Apprentiffage, pour raifon dudit Etat.

Reglement de 1610. Pour les Libraires & Imprimeurs de Paris Article 10. qui défend aux Compagnons & Apprentifs de faire aucuns Banquets, qu'ils appellent (*Proficiat*,) foit pour entrée, iffuë d'apprentiffage, qu'autrement, pour raifon dudit Etat, fur les peines portées par les Ordonnances.

Arreft du Parlement du 9. Juin 1663. qui défend aux Compagnons Imprimeurs, de faire aucune levée de deniers pour faire Banquets, conformément aux Statuts de la Communauté des Libraires, à peine d'amende.

ARTICLE XXIX.

P O U R R O N T les Maiftres Imprimeurs recevoir en leurs Imprimeries, tels Compagnons que bon leur femblera.

A U T O R I T E'.

Declaration de Charles IX. du 10. Septembre 1571. Article 9. Pourront les Maiftres Imprimeurs recevoir en leurs Imprimeries tels Compagnons que bon leur femblera, & par lefquels ils eftimeront que leur befogne pourra eftre continuellement faite, fans que les Compagnons de Paris & de Lyon fe puiffent attribuer aucune preference fur ceux qui auront efté receus Compagnons és Imprimeries des autres Villes de ce Royaume; ains demeurera en pleine liberté des Maiftres de recevoir en leurs Maifons & Imprimeries, ceux defquels ils eftimeront plus d'obeïffance, & qu'ils eftimeront plus experts. Seront neanmoins les Compagnons de Paris & de Lyon preferez aux Eftrangers, non hors noftre obeïffance, quand ils fe voudront contenter du falaire ordonné. Confirmé par l'Article 32. du Reglement des Libraires & Imprimeurs de Paris.

ARTICLE XXX.

E N J O I G N O N S à tous Compagnons Imprimeurs travaillans chez leurs Maiftres, de garder & conferver les Copies, tant Manuscrites qu'Imprimées, sur lesquels ils auront travaillé pour estre par eux rendus & mis és mains de leurs Maistres pour y avoir recours quand besoin sera, sans que pour raison de ce ils puissent pretendre aucun payement ou recompense, & seront tenus d'achever les Ouvrages par eux commencez à peine d'amende, & de demeurer responsables des dommages qui seront causez par leur retraitte ou absence.

AUTORITEZ.

Ordonnance du Roy Charles IX. l'an 1571. Article 12. qui ordonne que les Copies demeuteront entre les mains des Maistres Imprimeurs, pour y avoir recours quand besoin sera.

Reglement de 1618. pour les Imprimeurs & Libraires de Paris Article 35. Il est enjoint à tous les Compagnons travaillans chez leurs Maistres, de garder & conserver les Copies sur lesquelles ils travaillent, tant Manuscrites qu'Imprimées, pour en fin des labeurs estre par eux renduës & mises és mains de leurs Maistres, pour y avoir recours quand besoin sera; sans que pour raison de ce, ils puissent pretendre aucune recompense que leurs gages: & mesme seront tenus parachever les labeurs par eux encommencez, à peine d'amende.

Ordonnance du 17. Mars 1663. Enjoignons à tous Compagnons Imprimeurs qui ont quitté leurs Maistres d'Imprimerie, & qui ont esté débauchez & emmenez hors de cette Ville, de retourner incessamment chez leursdits Maistres, à peine contre les contrevenans d'estre privez de la Maistrise, & seront tenus les Maistres Imprimeurs de declarer leurs noms &c. Voyez les autres Autoritez du Reglement des Libraires & Imprimeurs de Paris. page 48.

ARTICLE XXXI.

DEFENDONS aux Compagnons de faire aucunes Cabales ny Bourse commune sous quelque pretexte que ce puisse estre à peine de punition exemplaire.

A U T O R I T E Z.

Declaration de François I. donnée à Villiers-Cotterefts le dernier Avril 1539. Article 1. & celle du mois de Decembre 1541. Confirmée par Arrefts du Grand Confeil au mois de Septembre 1544. Art. 1. pour les Imprimeurs & Libraires de la Ville de Lyon. Les Compagnons & Apprentifs de l'Art d'Imprimerie, n'ayent à faire aucun ferment, monopoles, & n'avoir aucun Capitaine entr'eux, Lieutenans, Chef de Bande, ou autres, ne Bannieres ou Enfeignes ; N'affemblées hors les Maifons & Poifles de leurs Maiftres, ny ailleurs, en plus grand nombre que cinq, fans congé & autorité de Juftice, fur peine d'eftre emprifonnez, bannis & punis comme Monopoleurs, & autres amendes arbitraires. Confirmé par Charles I X. en May 1571. Article 1.

Idem. Article 2. Iceux Compagnons ne porteront aucunes épées, poignards, ne baftons invafibles és Maifons de leurfdits Maiftres, en l'Imprimerie, ne par la Ville de Lyon, & ne feront aucunes feditions, fur peine que deffus. Confirmé par Charles IX. en May 1571. Article 2.

Arreft du 2. Janvier 1658. Confirmé par autre Arreft du 13. Avril 1658. Portant iteratives défences aux Compagnons Imprimeurs, de s'affembler, faire ferment ny Confrerie, ny faire celebrer Meffe, ny exiger argent pour faire bourfe commune, à peine d'eftre bannis & punis comme monopoleurs.

Ordonnance du 28. Avril 1671. portant défences à tous Compagnons Imprimeurs, Libraires & Relieurs de cette Ville de Paris, de faire monopoles & affemblées, infulte ou autres mauvais traitemens aux Compagnons Eftrangers, à peine de prifon, & de punition exemplaire. Voyez les autres Autoritez du Reglement des Libraires & Imprimeurs de Paris de 1686. page 49.

ARTICLE XXXII.

LES Maiftres Imprimeurs feront tenus de continuer les Ouvrages commencez fans les pouvoir interrompre, fi ce n'eft pour caufe raifonnable, auquel cas feront tenus de donner aux Compagnons quelqu'autre ouvrage de pareille qualité en attendant que le premier puiffe eftre repris & continué ; & fi la difcon-

tinuation dure plus de trois femaines , il fera permis
aufdits Compagnons huit jours aprés en avoir averty
le Maiftre de fe retirer, & d'entreprendre d'autres Ouvrages fans qu'ils puiffent eftre contraints de retourner chez le premier Maiftre.

A U T O R I T E Z.

Ordonnance du Roy Charles I X. donnée à Paris le 10. Septembre
1572. Art. 2. Que reciproquement lefdits Maiftres Imprimeurs feront tenus continuer les Oeuvres commencez, fans les pouvoir intermettre, fi
ce n'eft pour quelque caufe ou excufe urgente ou raifonnable, auquel cas
feront tenus bailler aufdits Compagnons befogne pareille , en attendant
que le premier Oeuvre fe puiffe reprendre. Et où la difcontinuation de
l'Oeuvre prendroit trait de plus de trois femaines, fera loifible aufdits
Compagnons eux retirer , & entreprendre autre befogne , fans qu'ils
puiffent eftre contraints de retourner à l'ancienne befogne, du parache-
vement de laquelle ils demeureront aprés ledit temps déchargez en ce
cas, & pareillement lefdits Maiftres pourront faire parachever leurdite
befogne par tel autre que bon leur femblera.

Reglement pour les Imprimeurs & Libraires de Paris en 1618. Art. 35.
Les Maiftres Imprimeurs, font tenus continuer les Ouvrages commencez,
&c. de mefme que deffus.

Sentence du 27. Janvier 1654. Contre les Compagnons Imprimeurs ,
portant défences aufdits Compagnons de s'affembler & quitter le travail
par eux encommencé à peine de 24. livres Parifis d'amende pour la premiere fois, & de prifon en cas de contravention & tous Maiftres de fe fervir defdits Compagnons qu'ils n'ayent achevé le travail par eux encommencé, & qu'ils n'apportent confentement du Maiftre d'où ils fortent à
peine de 200 livres d'amende.

ARTICLE XXXIII.

I L eft expreffement défendu à tous Maiftres Imprimeurs de faire travailler dans leurs Imprimeries
les Dimanches & jours de Feftes , & aux Compagnons d'y travailler à la Compofition ou Impreffion

d'aucuns Ouvrages à peine contre les Maiftres de cent livres d'amende, & de dix livres contre chacun des Compagnons ; pourront neanmoins lefdits Compagnons en cas de neceffité feulement , preparer & tremper leurs Papiers aprés les heures de fervice.

AVTORITEZ.

Declaration de François I. du dernier Aouft 1531. Confirmée pour les Imprimeurs & Libraires de la Ville de Lyon au mois de Decembre 1541. & mois de Septembre 1544. Art. 8. Lefdits Compagnons feront & paracheveront les journées aux Vigiles des Feftes, fans rien laiffer pour faire ne befogner lefdites Feftes, aufquels jours lefdits Maiftres ne feront tenus ouvrir Imprimeries pour befogner, fi ce n'eftoit pour faire quelque chofe preparative & legere pour le lendemain. Confirmé par Charles I X. en 1571. Art. 8.

Declaration de Charles I X. du 10. Septembre 1572. Art. 4. Et quant au 9. Art. Iceux Compagnons, outre les Feftes commandées par l'Eglife, celebrées & folemnifées generalement és Villes où ils travaillent ; Auront le jour de Saint Jean Porte-Latin enfemble demy-journée, le jour de Carême Prenant , & le jour du Grand Vendredy , francs & exempts de labeur.

ARTICLE XXXIV.

LE s Maiftres Imprimeurs ne pourront faire travailler chez eux aucun Compagnon qui ait travaillé chez un autre Maiftre de Lyon , qu'ils n'ayent fçeu du dernier Maiftre d'où ledit Compagnon fera forty , fi ledit Compagnon eft libre à l'égard dudit Maiftre , & en état de travailler où bon luy femblera à peine de vingt livres d'amende, tant contre ledit Compagnon que ledit Maiftre , fi ledit Compagnon n'a fait aparoir de fon congé par écrit.

A U T O R I T E Z.

Ordonnance & Reglement pour les Imprimeurs & Libraires de la Ville de Lyon du mois de Decembre 1541. Confirmez en 1544. & par Charles IX. à Gaillon, en May 1571. Art. 15. Portant que les Maiftres Imprimeurs ne recevront aucuns Compagnons, fans s'enquerir premierement des Maiftres defquels ils fortiront récentement, fi iceux Compagnons ont parachevé leurs labeurs, ou fans apporter lettres de leurs anciens Maiftres.

Sentence du 14 Octobre 1641. Par laquelle défences font faites à tous Maiftres Imprimeurs, de recevoir à l'avenir en leurs maifons pour y travailler, aucuns Compagnons, qu'ils n'ayent un billet écrit ou figné du Maiftre de chez lequel ils fortent, qui porte comme il eft content d'eux, à peine de payer en fon nom le temps qui fe trouvera perdu par la faute dudit Compagnon qui aura quitté fon labeur; enfemble les dommages & interefts de celuy pour qui fe fera l'ouvrage, & de trente livres d'amende, applicable par Nous aux pauvres de la Communauté en vertu des prefentes, fans qu'il foit befoin d'autre affignation ou Requête.

Arreft du Parlement du 14. Juillet 1654. qui confirme l'Article 41. du Reglement de 1618. tiré de l'Ordonnance de Charles IX. en May 1571. Article 15. Cet Article porte, que les Maiftres ne pourront recevoir aucuns Compagnons fans s'enquerir des Maiftres de la Maifon defquels ils fortent, fi iceux Compagnons ont achevé leur labeur, & fans apporter lettres de leur congé fignées de leur ancien Maiftre, & en cas de contravention, & pour prevenir fes defordres & inconveniens qui arrivent à l'inexecution d'iceluy, les Maiftres qui recevront cheux eux des Compagnons fans y obferver ce qui eft ordonné par ledit Article, feront amendables de telle fomme qu'il plaira à la Cour arbitrer; & quant aux Compagnons ils pourront eftre contraints par emprifonnement de leurs perfonnes, fans aucune forme ny figure de procés, à retourner chez les Maîtres qu'ils auront quittez, fur le fimple requifitoire defdits Maiftres, fans qu'il foit befoin d'autre pouvoir ny permiffion, & en cas de recidive ils feront punis de punition corporelle, & exclus pour jamais de pouvoir eftre admis à la Maîtrife. Voyez les autres Autoritez du Reglement des Imprimeurs & Libraires de Paris en 1686. page 52. & 53.

ARTICLE XXXV.

LES Maiftres Imprimeurs ne pourront congedier leurs Compagnons, qu'en les avertiffant huit jours auparavant, fi ce n'eft pour des caufes juftes & raifonnables.

AUTORITEZ

A U T O R I T E Z.

Declaration de François I. du dernier Aouſt 1539. Article 14. Si un Compagnon ſe trouve de mauvaiſe vie , comme mutin, blaſphemateur du nom de Dieu, ou qu'il ne faſſe ſon devoir, le Maître en pourra mettre un autre au lieu de luy , ſans que pour ce les autres Compagnons puiſſent laiſſer l'œuvre commencé. Confirmé par le meſme Roy pour les Imprimeurs & Libraires de la Ville de Lyon en 1541. & 1544. & par Charles I X. en 1571. Article 14.

Ordonnance de Charles IX. du 10. Septembre 1572. Article 7. qui ordonne que les Maîtres ſeront tenus avertir les Compagnons, & les Compagnons les Maîtres reſpectivement, huit jours devant la fin de l'œuvre, afin qu'ils ayent moyen & loiſir de ſe pourvoir ailleurs.

ARTICLE XXXVI.

NE pourront leſdits Compagnons laiſſer l'Ouvrage par eux commencé , ſinon du conſentement du Maiſtre qui les aura employez, à peine de vingt livres d'amende, & des dommages & intereſts du Maiſtre , & ſeront les Compagnons tenus lorſqu'ils finiront leurs labeurs avant de quitter leurs Maiſtres de les avertir huit jours auparavant auſſi à peine de vingt livres au profit du Maiſtre Imprimeur.

A U T O R I T E Z.

Declaration de François I. du dernier Aouſt 1539. Art. 6. Leſdits Compagnons continuëront l'Oeuvre encommencé, & ne le laiſſeront qu'il ne ſoit parachevé, & ne feront aucun *Tric*, qui eſt le mot pour lequel ils laiſſent l'Oeuvre. Et ne feront jour pour jour, ains continuëront : & s'ils font perdre ſervice ou journées aux autres par leur faute & coulpe , ſeront tenus de ſatisfaire leſdits Maîtres. Confirmé par le meſme Roy en 1541. & 1544. Article 6. & 7. pour les Imprimeurs & Libraires de la Ville de Lyon & par la Declaration de Charles I X. en 1571. Article 6.

Tric, eſt un mot inventé par les Compagnons, pour lequel, & inconti-

nent aprés la prononciation d'iceluy , ils délaissent leur Ouvrage pour faire quelque débauche.

Idem. Article 13. S'il prend vouloir à un Compagnon de s'en aller aprés
l'Ouvrage achevé, il sera tenu d'en avertir le Maître huit jours devant ,
afin que durant ledit temps ledit Maître & ses Compagnons besognans
avec luy se puissent pourvoir. Confirmé par Charles I X. en 1571. Article
13. & en 1572. Article 7.

Declaration de Charles IX. du 10. Septembre 1571. Article 22. Si l'un
des Compagnons laisse son Labeur pour quelque occasion que ce puisse
estre, les autres ne pourront laisser ou discontinuer le leur. Et pourra
le Maître subroger en son lieu tel autre Compagnon ou Apprentif qu'il
pourra recouvrer ; Et neanmoins celuy qui aura failly sera condamné en
tous dépens, dommages & interests, s'il y échet, & en telle reparation
que le cas le meritera, le tout payable par corps. Confirmé par Charles
I X. en 1572. Article 10.

Reglement pour les Imprimeurs & Libraires de Paris en 1610. Ausquels
défences sont faites de faire aucunes journées blanches, & en cas de contravention, payeront la perte de la journée & six livres d'amende pour la
premiere fois , 10. livres pour la seconde, &c.

Reglement pour les Imprimeurs & Libraires de Paris de 1618. Art. 40.
Si l'un des Compagnons laisse son labeur pour quelque occasion que ce
puisse estre, les autres ne pourront laisser ne discontinuer le leur, & pourra
le Maître subroger en son lieu tel autre Compagnon & Apprentif qu'il
pourra recevoir , & neanmoins celuy qui aura failly sera condamné en tous
dépens s'il y échet & par corps , &c.

· Voyez les autres Autoritez du Reglement pour les Imprimeurs & Libraires de Paris de 1686, page 54.

ARTICLE XXXVII.

DE'FENCES sont faites à tous Compagnons &
Apprentifs d'avoir ny faire aucune Confrairie ny As-
semblée entr'eux sous quelque pretexte que ce puisse
estre , à peine de prison & de punition exemplaire.

AUTORITEZ.

Declaration de François I. du dernier Aoust 1539. Article 5. Ne feront aucune Confrairie, ne celebrer Meſſe aux dépens communs deſdits Compagnons & Apprentifs. Ne pourront choiſir, n'avoir lieu particulier, ne deſtiné, n'exiger argent pour faire bourſe commune, comme ils ont fait par cy-devant, pour fournir aux dépens de ladite Confrairie, Meſſes & Banquets, ne pour faire autre conſpiration, ſur les peines que deſſus. Confirmé par le meſme Roy en 1541. & 1544. pour les Imprimeurs & Libraires de la Ville de Lyon, & par le Roy Charles IX. en 1571. Article 4.

Reglement de 1618. Article 47. Les Compagnons & Apprentifs ne feront aucune Confrairie, ne celebrer Meſſe aux dépens communs deſdits Compagnons & Apprentifs; ne pourront choiſir, n'avoir lieu particulier ny deſtiné, n'exiger argent pour faire bourſe commune, comme ils ont fait par cy-devant pour fournir aux dépens de ladite Confrairie, Meſſes & Banquets, ne pour faire autre conſpiration ſur peine que deſſus.

Arreſt du 13. Avril 1658. Qui ordonne que les Articles 1. 4. & 5. de l'Edit de Charles IX. de 1571. Arreſt de la Cour du 2. Janvier 1658. feront executez ſelon leur forme & teneur : Faiſant iteratives défenses aux Compagnons Imprimeurs d'y contrevenir, & de s'aſſembler, faire ſerment ny Confrairie, ny faire celebrer Meſſe, ny exiger argent pour faire bourſe commune, ſous les peines d'eſtre bannis & punis comme monopoleurs. Comme auſſi défend aux Eccleſiaſtiques de Saint Jean de Latran, & à toutes autres perſonnes, de quelque qualité & condition qu'elles ſoient, de leur prêter Chapelle ny autres lieux, pour ſervir auſdites aſſemblées.

Sentence du 16. Avril 1665. Nous diſons, que conformément auſdites Ordonnances, défences ſont faites à tous Compagnons Imprimeurs de s'attrouper & faire aſſemblées, brigues & complots, & à ceux de Paris de moleſter & faire violence aux Compagnons des autres Villes, & les empêcher de ſervir dans Paris les Maiſtres qui feront contens de leur ſervice & obeïſſance.

ARTICLE XXXVIII.

LES Compagnons Imprimeurs & Libraires, ne pourront parvenir à la Maîtriſe, qu'aprés avoir ſervy les Maiſtres durant trois années depuis leur Apprentiſſage achevé.

AUTORITEZ.

Declaration de Charles IX. en May 1571. Article 19. Ladite Atteſtation contiendra, que lefdits Apprentifs ont fait leur Apprentiflage fous ledit Maître, & qu'ils feront fuffifans pour exercer ledit Etat, & moyennant ladite Atteftation l'Apprentif de là & en avant, fera receu à befogner, tant és Impreffions de Paris que de Lyon, & par tout ailleurs, encore qu'il eût fait fon Apprentiffage autre part, aux conditions que les autres Compagnons.

Declaration de Charles I X. en Septembre 1572. Aprés le temps de leurs Apprentiflages prendront Atteftation du Maître fous lequel ils auront fait leurs Apprentiflages & de deux Maîtres Imprimeurs & contiendra ladite Certification le temps de leurs Apprentiflages fait fous ledit Maître, & qu'ils font fuffifants pour exercer ledit Etat, & moyennant ladite Atteftation, l'Apprentif fera receu à befogner audit Etat.

Voyez les autres Autoritez du Reglement des Imprimeurs & Libraires de Paris de 1686. page 55. & 56.

TITRE VI.

RECEPTION DES MAISTRES
Imprimeurs & Libraires

ARTICLE XXXIX.

AUCUN ne pourra à l'avenir tenir Imprimerie ou Boutique de Libraires à Lyon, en confequence d'aucunes Lettres de Maitrife ou d'aucun Privilege tel qu'il puiffe eftre, ny eftre reccu Maiftre qu'il n'ait fait Apprentiffage & fervy les Maiftres pendant les temps ordonnez par les Articles 20. & 28. qu'il n'ait au moins vingt-ans accomplis, qu'il ne foit congru en Langue Latine, & fçache lire le Grec, dont il fera tenu rapporter Certificat de celuy qui fera commis & nommé par le Lieutenant General de Lyon; à cet effet, avant de fe prefenter pour eftre admis à la Maî-

'trife de laquelle tous Etrangers feront exclus fi pour des caufes & raifons importantes il n'en eſt par nous .autrement ordonné.

A U T O R I T E Z.

Declaration de Charles IX. du mois de May 1571. Article 20. Aucun ne pourra dreſſer Imprimerie nouvelle, ne faire état de Maiſtre Imprimeur, finon qu'il ait fait Apprentiſſage comme deſſus, ou qu'il ne foit certifié capable de bien faire ledit état, & ce par la certification de deux Libraires Jurez, & de deux Maiſtres Imprimeurs, tous Chefs de maiſon & de bonne reputation. Ce qui fe fera fans exaction d'aucun falaire ou loyer.

Arreſt donné au Parlement de Roüen, le 16. Janvier 1604. par lequel Vincent le Févre a eſté débouté des Lettres de Maiſtrifes par luy obtenuës, de l'Art d'Imprimeur en ladite Ville de Roüen. Cet Arreſt confirmé par autre Arreſt du Conſeil Privé du Roy le 28. Juillet 1607. Pareil Arreſt donné audit Conſeil Privé du Roy le 16. jour d'Octobre 1618. au profit de Nicolas Crefpon, Imprimeur ordinaire du Roy en la Ville de Xaintes, contre Jean Bichon, foy-difant pourveu de l'Office d'Imprimeur-Libraire en ladite Ville de Xaintes, en vertu d'une Lettre de Maiſtrife en faveur de l'heureux Mariage du Roy, dont il fut debouté.

Arreſt du Conſeil d'Etat du 17. Février 1667. qui fait défences aux Syndic & Adjoints des Imprimeurs & Libraires de recevoir cy-aprés aucuns Maiſtres qu'ils n'ayent les qualitez requifes par les Reglemens, & que conformément à iceux ils ne foient congrus en Langue Latine, & ne fçachent lire le Grec, dont ils rapporteront Certificat du Recteur de l'Univerfité, à peine de nullité des Receptions des Maiſtres. Et à l'égard des Syndic & Adjoints de cinq cent livres d'amende, & d'interdiction de leur Maiſtrife.

Article 2. du Reglement pour les Libraires de Lyon en 1675. Aucun ne pourra tenir Boutique de Libraire, qu'il n'ait auparavant fait Apprentiſſage pendant quatre années entieres & confecutives chez l'un defdits Marchands Libraires de cette ditte Ville, & enfuite fervy quatre autres années lefdits Marchands de cette ditte Ville, ou d'ailleurs, & enfin qu'ils n'ayent executé de point en point le contenu en ce prefent Reglement, à peine aux Contrevenans de cent cinquante livres d'amende, applicables moitié aux Pauvres de l'Hôtel-Dieu du Pont du Rône, & l'autre moitié à l'Aumône Generalle de cette ditte Ville, & de confifcation de toutes leurs Marchandifes, au profit de la Communauté defdits Marchands Libraires de cette ditte Ville; Seront neanmoins exceptez du prefent Article, Les Maiftres. Imprimeurs, aux conditions feulement portées par l'Article fuivant.

Article Troifiéme du Reglement des Libraires de la Ville de Lyon en 1675. Ne fera permis aufdits Marchands Libraires de cette dite Ville, d'exercer l'Art de l'Imprimerie, ou de Relieurs de Livres, s'ils n'ont la qualité requife, & fait Apprentiffage au defir des Reglemens defdits Arts. Et pareillement lefdits Maiftres Imprimeurs, & Maiftres Relieurs de Livres, ne pourront cy-aprés exercer ledit negoce de Marchandifes de Librairie, qu'ils n'ayent la qualité requife, & fait Apprentiffage, conformément à ce qui eft porté par les Articles de ce prefent Reglement. Pourront neanmoins lefdits Imprimeurs qui auront efté receus Maiftres dans les formes prefcrites par leurs Reglemens, vendre tant feulement les Livres qu'ils Imprimeront avec leur nom, & à leurs frais & dépens, fans toutes-fois pouvoir tenir Boutique de Marchands Libraires.

Voyez les autres Autoritez du Reglement pour les Libraires & Imprimeurs de Paris de 1686, page 57. & 58.

ARTICLE XL.

LES Compagnons qui auront les qualitez requifes, feront receus par les Syndic & Adjoints de la Communauté, aprés qu'il leur fera aparu de leurs bonnes vie & mœurs, Profeffion de la Religion Catholique ; & aprés qu'ils auront efté certifiez capables d'exercer la Profeffion de Maiftre Imprimeur ou Libraire, par deux autres Maiftres de ladite Communauté ; aprés-quoy lefdits nouveaux Maiftres ainfi admis , feront tenus de prêter ferment pardevant le Lieutenant General de ladite Ville de Lyon, ce qui fera fait fans aucuns frais, à condition neanmoins par l'Afpirant à la Maîtrife, de mettre és mains du Syndic la fomme de cent livres , pour eftre employée entierement aux affaires de ladite Communauté, & dont le Syndic fera tenu de fe charger dans fon Compte.

A U T O R I T E Z.

Reglement de 1618. Pour les Libraires & Imprimeurs de Paris Article 6. Aprés le temps d'Apprentiſſage & ſervice expiré, le Compagnon ayant âge competant, poutra ſe faire recevoir en qualité de Maiſtre Imprimeur, Libraire ou Relieur, ſoy-faiſant certifier capable par deux Libraires Jurez, deux non Jurez, deux Maiſtres Imprimeurs, & deux Relieurs, en la preſence du Syndic & Gardes : & promettra de bien & fidelement ſe comporter & adminiſtrer ſon Art de Libraire, Imprimeur & Relieur, & de garder & obſerver les Edits, Arreſts, & Reglemens ; & outre ſera tenu mettre és mains dudit Syndic, la ſomme de trente livres pour les affaires de la Communauté, de laquelle ledit Syndic ſera obligé tenir compte.

Reglement de 1649. verifié en Parlement le 7. Septembre 1650. pour les Libraires & Imprimeurs de Paris Article 8. Qui ordonne que les Compagnons donneront pour leur reception la ſomme de trois cent livres pour les affaires de la Communauté, ayant ſervy le temps porté par les Articles cy-deſſus.

ARTICLE XLI.

LES Fils de Maîtres qui auront les qualitez requiſes, ſeront receus à leur premiere Requeſte, en mettant és mains du Syndic la ſomme de trente livres ſeulement pour les affaires de ladite Communauté.

A U T O R I T E'.

Reglement de 1618. Pour les Libraires & Imprimeurs de Paris Article 9. Les Enfans des Maiſtres Imprimeurs & Libraires, ſeront receus par les Syndic & Adjoints, à leur premiere Requeſte.

ARTICLE XLII.

LES Compagnons qui épouſeront la Veuve ou la Fille d'un Maître Imprimeur ou Libraire, ſeront receus à leur premiere Requeste s'ils ont d'ailleurs les qualitez requifes, en mettant feulement és mains du Syndic la fomme de trente livres pour les affaires de la Communauté.

A U T O R I T E Z.

Reglement de 1618. Pour les Libraires & Imprimeurs de Paris Article 9. Les Compagnons qui auront fait & parachevé leur Apprentiffage en cette Ville de Paris, le temps porté par iceluy; & qui prendront par mariage la Fille de l'un defdits Libraires, Imprimeurs ou Relieurs, feront receus Maiftres, moyennant leurdit mariage, fans aucuns frais, & à leur premiere Requefte.

Reglement de 1649. verifié le 7. Septembre 1650. Pour les Imprimeurs & Libraires de Paris Article 8. Par lequel les Fils des Maiftres & Compagnons ayant le Certificat du Recteur & Quittance de leur Apprentiffage, feront receus par les Syndic & Adjoints, *gratis*, en époufant quelque fille de Maiftre.

ARTICLE XLIII.

A l'égard des Imprimeurs, il n'en fera receu aucun jufques à ce quils foient reduits au nombre de dix-huit, & aprés ladite Reduction il fera receu autant de Maiftres qu'il en manquera pour faire ledit nombre de dix-huit feulement ; Ceux des Libraires qui ne font actuellement Imprimeurs, ne pourront cy-aprés en faire la Profeffion, tenir aucune Imprimerie, ny mefme fe prefenter pour remplir les Places des Imprimeries qui feront vacantes, lefquelles feront feulement remplies par les Fils des Imprimeurs s'ils fe trouvent avoir les qualitez requifes, ou par ceux qui auront fait Apprentiffage chez les Maiftres Imprimeurs conformément aux Articles precedens.

AUTORITEZ

AUTORITEZ.

Reglement de 1610. pour les Libraires & Imprimeurs de Paris Article 4. Qui ordonne que le nombre des Imprimeurs sera reglé dans quinzaine.

Reglement de 1618. Pour les Imprimeurs & Libraires de Paris Article 16. Qui dit, jusqu'à ce qu'ils soient reduits à certain nombre.

Reglement pour les Libraires & Imprimeurs de Paris en 1686. Article 43. A l'égard des Imprimeurs, il n'en sera receu aucun jusques à ce qu'ils soient reduits au nombre de trente-six; & aprés ladite Réduction, il sera receu autant de Maistres qu'il en manquera, pour parfaire ledit nombre de trente-six seulement. Ceux des Libraires qui ne sont actuellement Imprimeurs, ne pourront cy-aprés en faire la Profession, tenir aucune Imprimerie, ny mesme se presenter pour remplir les places des Imprimeries qui seront vacantes, lesquelles seront seulement remplies par les Fils des Imprimeurs, s'ils se trouvent avoir les qualitez requises, ou par ceux qui auront fait Apprentissage chez les Maistres Imprimeurs, conformément aux Articles precedens.

ARTICLE XLIV.

LES Syndic & Adjonts ne recevront à l'avenir qu'un Maistre Libraire par chacun an outre les Fils & Gendres de Maistres, & en cas qu'il s'en presentât Plusieurs en mesme temps pour estre receus, celuy qui se sera presenté & aura esté inscrit le premier sur le Regiftre par les Syndic & Adjoints, sera preferé aux autres.

G

A U T O R I T E Z.

Reglement de 1618. Pour les Imprimeurs & Libraires de Paris Article 16. Par lequel il est défendu aux Syndic & Gardes de l'Université de ne plus recevoir par chacun an qu'un Libraire, un Imprimeur & un Relieur, lesquels seront tenus eux presenter un an auparavant leur Reception, afin d'estre immatriculez sur le Regiftre de la Communauté, & par ce moyen d'obvier aux abus qui se commettent à cause du nombre effrené des Libraires, Imprimeurs & Relieurs, jusqu'à ce qu'ils soient reduits à certain nombre, non compris les Fils des Maistres. Et seront receus, se presentans selon l'ordre de leur Apprentissage.

Jugemens rendus par le Lieutenant Civil & le Procureur du Roy au Châtelet de Paris, en presence de la Communauté le 14. Octobre 1641. Défendons aux Syndic & Adjoints de recevoir plus de trois Maistres par an; sçavoir un Libraire, un Imprimeur & un Relieur, qui seront tenus un an auparavant, se faire inscrire sur le Livre de la Communauté, & seront receus selon l'ordre de leur Apprentissage, & afin que le Aspirans soient assurez du temps auquel ils se pourront presenter pour estre receus, les Receptions se feront dans le mois de Mars de chacune année.

TITRE VII.

DES VEUVES DES IMPRIMEURS & Libraires.

ARTICLE XLV.

LEs Veuves des Imprimeurs, pourront continuer le Travail dans leurs Imprimeries, & tenir leurs Boutiques, avoir des Compagnons & faire achever aux Apprentifs de leurs Maris défunts le temps de l'Apprentiſſage ; Ne pourront neanmoins leſdites Veuves prendre aucuns nouveaux Apprentifs ny tenir Boutiques de Librairie ou Imprimerie, en cas qu'elles ſe marient, ſi leurs ſeconds Maris ayant les qualitez requiſes n'ont eſté receus Maiſtres.

AUTORITEZ.

Par Sentence du Châtelet du 21. Mars 1614. aprés que Pierre des Vignes & Jean Dupuis, ſont demeutez d'accord n'avoir fait Apprentiſſage en cette Ville de Paris, de Librairie ny Reliure, & neanmoins ſoûtenu pouvoir tenir Boutique, pour avoir épouſé des Veuves de Relieurs de Livres de cette Ville : Inhibitions & défences leur furent faites, ſuivant les Arreſts de la Cour, de tenir Boutique, & faire aucun exercice de Librairie & Reliure, en quelque façon que ce ſoit, en cette Ville de Paris : A eux enjoint de fermer leurs Boutiques, ſi aucunes ils ont, à peine de confiſcation des Livres, Preſſes & Uſtenciles.

Reglement de 1618. Pour les Libraires & Imprimeurs de Paris Article 10. Les Veuves des Libraires, Imprimeurs & Relieurs, pourront continüer à tenir Librairie, Imprimerie & Reliure, & avoir des Compagnons, meſme faire parachever aux Apprentifs de leurs Maris défunts, le temps de l'Apprentiſſage ; ſans qu'elles puiſſent prendre aucuns Apprentifs, ny affranchir leurs nouveaux Maris pour tenir Librairie, Imprimerie ou Reliure, au prejudice de l'Apprentiſſage, & de ce qui eſt dit cy-deſſus.

Reglement de 1649. Pour les Imprimeurs & Libraires de Paris Article 10. Les Veuves des Libraires, Imprimeurs & Relieurs, pourront continüer à tenir Librairie, Imprimerie ou Reliure, & avoir des Compagnons, meſme faire achever aux Apprentifs de leurs Maris défunts le temps de leur Apprentiſſage, le temps duquel expiré, elles pourront auſſi, pour leur ſoulagement, prendre un Apprentif de la qualité cy-deſſus, ſans qu'elles puiſſent pretendre affranchir leurs nouveaux Maris, en cas qu'elles ſe remarient pour tenir Librairie, Imprimerie ou Reliure, au prejudice de l'Apprentiſſage, du temps que l'on doit ſervir les Maiſtres aprés ledit Apprentiſſage, & Certificat cy-deſſus ; duquel ne voulons perſonne eſtre diſpenſé, pour quelque cauſe que ce ſoit.

Article ſixiéme du Reglement des Libraires de la Ville de Lyon en 1675. Sera permis aux Veuves des Marchands Libraires de cettedite Ville, qui continüeront le negoce, de faire parachever aux Apprentifs

de leurs Défunts Maris le temps reftant de leur Apprentiffage, fans qu'il
leur foit permis d'en prendre d'autres pendant leur viduité, & en cas
qu'elles fe remarient, leurs nouveaux Maris ne pourront exercer ledit negoce de Marchandife de Librairie, ny eftre receus Marchands Libraires, qu'ils n'ayent fatisfait à ce prefent Reglement, ou du moins qu'il
n'ayent fervy pendant deux années les Marchands Libraires de cettedite Ville, ou d'ailleurs aprés le temps porté par leurdit Apprentiffage, ce
prefent Article ne dérogeant en aucune maniere aux autres de ce Reglement qu'à l'égard de ceux qui épouferont cy-aprés les Veuves ou Filles
des Marchands Libraires de cettedite Ville.

TITRE VIII.

DES CORRECTEURS.

ARTICLE XLVI.

LEs Maiftres Imprimeurs qui ne pourront eux-
mefmes vacquer à la Correction de leurs Ouvrages, feront tenus de fe fervir de Correcteurs capables ; & feront lefdits Correcteurs tenus de bien &
foigneufement corriger les Livres, rendre leurs Corrections aux Heures accoûtumées; Et au cas que par
leur faute il y ait obligation de réimprimer les Feüilles qui leur auront efté données pour corriger, elles feront réimprimées aux dépens defdits Correcteurs.

AUTORITEZ.

Declaration de François I. du dernier Aouft 1539. Article 17. Si les
Maiftres Imprimeurs de Livres en Latin, ne font fçavans, ne fuffifans pour
corriger les Livres qu'ils Imprimeront, feront tenus avoir Correcteurs fuffifans, fur peine d'amende arbitraire : Et feront tenus lefdits Correcteurs
de bien & foigneufement corriger les Livres, rendre leurs Corrections
aux heures accoûtumées d'ancienneté, & en tout faire leur devoir ; autrement feront tenus aux interefts & dommages qui feront encourus par

leur faute & coulpe. Confirmé par le même Roy en 1541. & 1544. pour Imprimeurs & Libraires de la Ville de Lyon Article 17. & par Charles IX. en May 1571. Article 17.

Reglement de 1610. Pour les Imprimeurs & Libraires de Paris Article 11. Chacun Imprimeur aura son Correcteur en l'Imprimerie, homme capable, s'il ne peut exercer ladite Charge luy-même; & si les Feüilles sont gâtées & perduës par la faute des Compagnons ou Correcteurs, seront refaites aux dépens de celuy qui aura fait la faute, ce qui sera pris sur leurs gages.

Reglement pour les Libraires & Imprimeurs de Paris de 1618. Article 69. Si les Maistres Imprimeurs ne peuvent vacquer à la Correction des Livres qu'ils Imprimeront, seront tenus avoir Correcteurs suffisants sur peine d'amende, lesquels seront tenus de bien & soigneusement Corriger les Livres, rendre leurs Corrections aux heures accoûtumées, autrement seront tenus aux dommages qui seront encourus par leur faute.

TITRE IX.

DES SYNDIC, ADJOINTS, *& Maistres de Confrairie.*

ARTICLE XLVII.

LEs Libraires & Imprimeurs de ladite Ville de Lyon, ne feront à l'avenir qu'une seule & mesme Communauté, & feront tenus de s'assembler incessamment pour élire un Syndic Libraire & quatre Adjoints; Sçavoir deux Libraires & deux Imprimeurs, dont ceux qui auront le plus de voix feront les premiers; Lequel Syndic & deux Adjoints premiers qui auront le plus grand nombre de voix, un Libraire & un Imprimeur exerceront lesdites Charges pendant trois années, & les deux derniers forti-

ront aprés les avoir exercées pendant deux années, &
feront remplacez par d'autres qui feront éleus au premier jour de Mars , aprés lefdites deux années ex-
pirées ; & dans la fuite il fera procedé tous les ans audit jour premier Mars à l'Election d'un Adjoint Libraire, & d'un Adjoint Imprimeur à la place de ceux
qui auront fait cette fonction pendant deux années ,
& aprés que ledit Syndic Libraire premier nommé
aura exercé cette fonction pendant trois années ; Il
fera auffi procedé de deux ans en deux ans audit jour
premier Mars, à l'Election d'un Syndic, qui fera pris
indifferemment du nombre des Libraires ou Imprimeurs ; & feront lefdites Elections faites en la Chambre de la Communauté en la prefence du Lieutenant
General de ladite Ville de Lyon, & de Noftre Procureur à la pluralité des voix ; Sçavoir pour la premiere
fois tous les Libraires & Imprimeurs de ladite Ville
appelez , & à l'avenir par les Syndic & Adjoints en
Charge ; les Anciens Syndics & Adjoints , huit Libraires, & huit Imprimeurs feulement pour ce Man-
dez par les Syndic & Adjoints en Charge , & aprés
ladite Election ainfi faite , Lefdits nouveaux Syndic
& Adjoints prêteront ferment à l'Inftant de bien &
fidellement fe comporter en leurs Charges, dequoy il
en fera dreffé Acte.

A U T O R I T E Z.

Declaration de Charles IX. en May 1571. Article 23. Les Maiftres Imprimeurs de Paris éliront par chacun an, deux d'entr'eux, avec deux des
vingt-quatre Maiftres Libraires Jurez de ladite année , l'Office defquels
fera de regarder qu'il ne s'Imprime aucun Livre ou Libelle diffamatoire
ou heretique, & que les Impreffions qui fe feront en chacune Ville, foient

bien & convenablement faites, correctement & en bon Papier, bons Caracteres, qui ne foient pas trop ufez. Et où lefdits Jurez trouveront quelques fautes qui meritent reprehenfion , foit en l'Impreffion , ou que les
Articles prefens ne foient obfervez, ils en feront leur rapport pour y eftre
pourveu par le Juge ordinaire, Civil ou Criminel, felon l'exigence des
cas.

Reglement de 1610. Pour les Libraires & Imprimeurs de Paris Article 1. Que dorefnavant le lendemain du jour de Saint Remy, fera procé-
dé à l'élection & nomination d'un Syndic, & de quatre Maiftres & Gardes Marchands Libraires, fçavoir deux anciens & deux jeunes, qui feront
nommez & éleus par foixante Marchands Libraires, qui feront pris con-
fecutivement felon leur antiquité, pour exercer ladite Charge de Maiftre
& Garde, deux ans accomplis.

ARTICLE XLVIII.

Ne feront à l'avenir éleus aucuns Maiftres de Confrairie en ladite Communauté, & fera ladite Confrairie adminiftrée par les deux Adjoints derniers en charge, aufquels fera payé Annuellement par chacun Maiftre de la Communauté quarante-cinq fols, au jour & Fefte de Saint Jean Porte-Latine ; Seront lefdits deux Adjoints tenus rendre Compte de leur Adminiftration pardevant les Syndic & Adjoints en Charge, les Anciens Syndics & les deux derniers Adjoints fortis de Charge feulement.

AUTORITEZ.

Sentence de Monfieur le Lieutenant General de Police du 2. May 1669. par laquelle fut ordonné qu'à l'avenir la Charge de Maiftre de Confrairie fera adminiftrée par les deux derniers Adjoints en Charge. Cette Sentence renduë fur la Conteftation menë entre les Sieurs le Bé, Targa & de la Tour, qui avoient efté éleus pour adminiftrer ladite Confrairie qui ne voulurent accepter, fur quoy intervint la fufdite Sentence qui fut executée le 3. May 1669.

ARTICLE XLIX.

L**e** Syndic rendra compte de la Recette, Dépenſe & Adminiſtration des deniers & effets de la Communauté dans trois mois pour le plûtard, du jour qu'il ſera ſorty de Charge.

AUTORITEZ.

Sentence contradictoire du 2. Juillet 1625. par laquelle Laurent Sonnius Marchand Libraire, eſt condamné de rendre compte dans un mois du jour de ladite Sentence, de l'Adminiſtration qu'il avoit euë comme Syndic de ladite Communauté, à peine d'empriſonnement de ſa perſonne.

Reglement de 1649. pour les Imprimeurs & Libraires de Paris, Article 35. Les Syndic & Adjoints rendront leurs comptes trois mois aprés qu'ils ſeront ſortis de Charge , en la preſence de ceux qui ſeront élus en leurs places , & de dix-huit perſonnes de ceux qui auront aſſiſté à leurs élections, que les nouveaux Syndic & Adjoints choiſiront ſans aſſembler la Communauté pour éviter les frais, pourveu qu'ils prennent ſix Libraires, ſix Imprimeurs & ſix Relieurs en la maniere accoûtumée.

TITRE X.

DE LA VISITE DES IMPRIMERIES
& Librairies , & de celle des Livres venant de dehors en la Chambre Syndicale.

ARTICLE L.

LEs Syndic & Adjoints feront des Vifites gene-rales dans les Imprimeries , du moins une fois tous les trois mois, dans les Boutiques des Libraires & dans les Imprimeries, toutes-&-quantes fois qu'ils le trouveront neceffaire : Ils drefferont Procés verbal des Ouvrages qui s'Imprimeront, des Apprentifs qu'ils auront trouvé, du nombre des Preffes de chacun Maiftre Imprimeur, & des malverfations, fi aucunes il y a ; Lequel Procés verbal ils mettront entre les mains du Lieutenant General de ladite Ville de Lyon pour y pourvoir.

AUTORITEZ.

Declaration d'Henry I I. du 27. Juin 1551. Article 16. Voulons , Ordon-nons & Nous plaift : Que deux fois l'an pour le moins, és Villes où il y a Univerfité & Faculté de Theologie, foient Vifitées les Officines & Bou-tiques des Imprimeurs , Libraires & Vendeurs de Livres, & où il n'y a Univerfité, &c. comme en l'Article 9. Aufquels Deputez lefdits Imprimeurs & Libraires feront tenus & contraints par toutes voyes en tel cas, requifes, faire ouverture de leurs boutiques & Officines , pour faifir & mettre en noftre main tous les Livres qu'ils trouveront cenfurez & fuf-pects de vice, & fans aucun falaire.

Ordonnance de Charles IX. Article 23. Eliront deux d'entr'eux , l'of-fice defquels fera de regarder qu'il ne s'Imprime aucun Libelle, & où ils trouveront quelques fautes , foit en l'Impreffion ou contre les Regle-mens, ils en feront leur rapport, pour y eftre pourveu par le Juge ordi-naire.

Reglement de 1649. pour les Libraires & Imprimeurs de Paris , Ar-ticle 21. Enjoignons tres-expreffément aux Syndic & leurs Adjoints, de faire exactement les Vifites par les Imprimeries, comme ils font obligez, au moins deux fois l'année, &c. Qu'il ne s'Imprime aucuns Livres con-tre les bonnes mœurs, la Religion où l'Etat, à peine d'en répondre en leurs propres & privez noms , dont ils certifieront noftre Lieutenant Civil, ou noftre Procureur au Chaftelet.

Arreft du 11. Septembre 1665. Enjoint Sa Majefté aux Syndic & Ad-joints de la Communauté des Marchands Libraires & Imprimeurs de Pa-ris, de faire toutes recherches & Vifites en toutes les Villes & autres lieux de fon Royaume, des Livres contrefaits, Libelles diffamatoires , & des memoires d'Etat & de Religion Imprimez fans Privilege, & les faire faifir, mefme les marchandifes qui s'y trouveront jointes, & en dreffer Procés verbal, pour iceluy rapporté & veu au Confeil, où les contreve-nans feront affignez, eftre ordonné ce que de raifon.

Arreft du 11. Avril 1674. Ordonnons qu'à la requefte & diligence du Syndic des Marchands Libraires & Imprimeurs de Paris, la recherche des Livres défendus, ou contrefaits, fera continuée, & les Vifites necef-faires auffi faites dans les Boutiques & Magafins des Libraires, & par tout ailleurs où befoin fera. Et tant ceux qui fe trouveront faifis defdits Li-vres défendus, que ceux qui auront contrevenu aux Privileges accordez par Sa Majefté , feront affignez au Confeil. Voyez les autres authoritez du Reglement des Libraires & Imprimeurs de Paris en 1686. page 78.

ARTICLE LI.

To u s les Libraires & Imprimeurs, ou autres personnes de telle qualité & conditon qu'elles soient,
qui auront fait venir des Livres à Lyon des pays Etrangers où d'ailleurs, seront tenus de les faire apporter
dans la Salle de la Communauté au mesme état qu'ils
seront arrivez, & ne pourront retirer de la Doüanne, des Voituriers par Terre ou par Eau des Messagers, sans un billet du Syndic signé de luy, ou de
l'un de ses Adjoints, dont ils tiendront Registre en
les delivrant: Et seront lesdits Syndic & Adjoints tenus de Visiter lesdits Livres en la Chambre de ladite
Communauté où ils se trouveront pour faire lesdites
Visites au moins trois en nombre, & ayant préala-
blement pardevant eux la facture de ce que contiennent lesdites Balles, Caisses & Paquets dont le Syndic demeurera chargé. Et où il se trouveroit des Livres ou Libelles diffamaroires contre l'honneut de
Dieu, bien & repos de nostre Etat, ou Imprimez sans
nom d'Auteur, du Libraire & de la Ville où ils auront
esté Imprimez; des Livres contrefaits sur ceux qui auront esté Imprimez auec Privilege ou continuation de
Privilege, lesdits Syndic & Adjoints seront tenus
d'arrester tous lesdits Livres, & ceux qui y seront
joints, mesme les Marchandises, s'il y en a, qui se
trouveront avoir servy de couverture, ou de pretexte
pour faire passer lesdits Livres.

AUTHORITEZ.

Ordonnance d'Henry II. du 27. Juin 1551. Article 15. Eſt auſſi défendu à tous Libraires, Imprimeurs & Vendeurs de Livres, d'ouvrir aucunes balles de Livres qui leur ſont apportées de dehors, &c.

Reglement pour les Libraires & Imprimeurs de Paris, de 1618. Art. 14. Que défences ſont faites à tous Libraires, Imprimeurs & autres, de recevoir aucunes Marchandiſes de Livres, tant par Eau que par Terre, par Balles, Tonneaux, Paquets ou autrement, ſans qu'elles ayent eſté conduites au lieu qui ſera ordonné, à peine de confiſcation, & de cinq cent livres d'amende, ſans eſperance de remiſe, dont le tiers de ladite Marchandiſe & amande, ſera affecté au Dénonciateur, un tiers au Roy, & l'autre tiers applicable à la communauté des Libraires, pour les affaires de leur état.

Idem. Art. 16. Si en viſitant ladite Marchandiſe, il ſe trouve quelque Livre ſans le nom de l'Imprimeur & Libraire, ſans ſa marque & le nom de la Ville, datte de l'année de l'Impreſſion, ou qu'il y ait quelque falſification ou ſuppoſition de nom; bref, tout ce qui ſe trouvera contre les Edits & Ordonnances faites ſur la Réformation de la Librairie & Imprimerie, feront ſequeſtrez par les Syndics & Maiſtres & Gardes, qui en donneront avis au Procureur du Roy, & en feront leur rapport en la Chambre Civile ou de Police, & demeureront confiſquez, & les contrevenans condamnez en l'amende arbitraire.

Idem. Art. 17. En viſitant les Marchandiſes des Libraires, ce qui ſe trouvera Imprimé & contrefait, au préjudice des Privileges obtenus par les Libraires ou Imprimeurs de cette Ville, ſera arreſté & ſaiſi par les Syndic & Maiſtres & Gardes; ſequeſtrant iceux, avertiront la Partie intereſſée, & en feront rapport.

Ordonnance du Prevoſt de Paris du 2. Juin 1617. contre la Veuve Jean de Rieux, & Auguſtin Méez, Voituriers par Terre de la Ville de Roüen, par laquelle défences ſont faites à tous Marchands Libraires, Voituriers & autres perſonnes, de délivrer aux Marchands Libraires & autres de cette Ville de Paris, aucune Marchandiſe qu'au préalable elle n'ait eſté menée à la Doüanne, eu le Billet des Syndic & Gardes, & Viſitée, à pei-

H iij

ne de quatre cent livres parisis d'amende, & de confiscation, nonobstant oppositions ou appellations quelconques.

Ordonnance de Louis XIII. en Janvier 1629. Article 52. portant : Et quant aux Livres qui feront apportez de dehors le Royaume, ils ne pourront estre vendus ny debitez, sans qu'au préalable la Facture & Inventaire d'iceux n'ait esté representée avant que d'ouvrir les Bales, &c. à peine de punition corporelle, confiscation desdits Livres, & mille livres d'amende.

Arrest du 17. Janvier 1645. Portant défences à tous Conducteurs de Coches, Messagers, Voituriers par Eau & par Terre, & à tous Facteurs, de délivrer aucuns Balots ou Paquets de Livres à quelques personnes qu'ils soient adressez, sans avoir billet du Syndic des Libraires ou de l'un de ses Adjoints qui les verront & Visiteront; à peine de confiscation de leurs batteaux, attirail & harnois, & de repondre en leur propre & privé nom des abus & deffauts qui se trouveront és Livres par eux voiturez, &c.

Sentence contradictoire du 10. Novembre 1651. par laquelle Eustache Chastelain, Marchand Mercier fut condamné en quatre livres d'amende, pour avoir receu une Bale de la Doüanne, sans Billet du Syndic, ou de ses Adjoints.

Sentence du 5. Septembre 1663. portant défences à tous Particuliers, de retirer de la Doüanne, Messagers ou Voituriers, aucuns Balots de Livres, sans le Billet du Syndic ou de ses Adjoints, avec jonction de les faire porter au sortir desdits Bureaux au College ou Chambre de la Communauté pour y estre Visitez, à peine de confiscation & de mille livres d'amende.

Ordonnance du 10. Septembre 1669. Ordonnons qu'à l'avenir il ne pourra estre délivré aucuns Livres apportez en cette Ville, de quelques lieux ou Païs qu'ils puissent venir, & à quelques personnes que ce soit, s'ils n'ont esté auparavant veûs & Visitez dans le College Royal, par le Syndic des Libraires & Imprimeurs, & des Adjoints, au moins par deux d'entre lesdits Adjoints, sçavoir un Imprimeur & un Libraire, conjointement avec ledit Syndic, à peine de confiscation, & de mille livres d'amende, tant contre ceux qui auront receu lesdits Livres, que contre ceux qui les auront délivrez. Et pour donner d'autant plus de moyen de faire commodément lefdites Vifites , Ordonnons qu'elles feront faites reglément dans ledit College , les Mardis & Vendredis de relevée de chacune Semaine.

Ordonnance du 8. Novembre 1670. portant commandement de donner aux Syndic & Adjoints la Facture, avant la Vifite des Livres qui viennent de dehors, & défenfes à tous Libraires & Imprimeurs, de recevoir chez eux lefdites Bales, Balots, ou Paquets, avant la Vifite, à peine de cinq cent livres d'amende, & de confifcation.

Arreft du Parlement de Roüen du 11. Février 1675. Défences aux Fermiers des Doüannes, Meffagers, Rouliers & autres, de délivrer aucuns Paquets, Bales ny Fardeaux de Livres, fans qu'ils ayent efté Vifitez auparavant par les Syndic & Gardes, & qu'ils n'ayent donné leur Certtficat, à peine de deux cent livres d'amende.

Sentence du 7. Mars 1681. contre Claude Cerelle Meffager d'Angoulefme, qui avoit rendu deux Balots de Livres fans billet, lequel fut condamné en trente livres d'amende, & aux dépens.

Sentence du 1. Avril 1681. contre Henry' Bocquerel & Pierre de la Gafte, Commis des Meffagers & Caroffes d'Amiens de Paris, qui avoient rendu un Balot fans billet, lequel fut delaré confifqué, & eux condamnez aux dépens. Voyez les autres Autoritez du Reglement des Imprimeurs & Libraires de Paris de 1686. page 80. & fuivante.

ARTICLE LII.

Les Syndic & Adjoints en faisant leurs Visites tiendront la main à ce qu'il ne soit employé à l'Impression aucun Papier de mauvaise qualité ; & en cas qu'ils en trouvent ils seront tenus de les saisir , & de les faire transporter en la Chambre de la Communauté.

AUTORITEZ.

Ordonnance de Charles IX. en 1571. Article 25. Regarder qu'il ne s'Imprime aucuns Livres que sur bon Papier, bons Caracteres, & correctement.

Reglement de 1618. pour les Libraires & Imprimeurs de Paris, Article 12. Tous Libraires & Imprimeurs, chacun separément ou associez, Imprimeront les Livres en bons Caracteres & bon Papier, &c.

Sentence du 8. Novembre 1641. Pour les Syndic & Adjoints, intervenans en la cause de Jacques Corbin, contre Nicolas Danger Marchand Papetier. &c. portant confiscation au profit de la Communauté, de vingt Rames de Papier trouvé mêlé de differentes pâtes & grandeurs ; Et fait défences audit Danger, & à tous autres Marchands Papetiers, tant Forains que de cette Ville, de vendre aucun Papier qui ne soit bon , loyal & marchand, de vingt mains la Rame , & de vingt-cinq feüilles la main , égal en grandeur, le fin avec le fin, & le cassé separé de l'entier, à peine de confiscation.

Reglement de 1649. verifié en Septembre 1650. pour les Imprimeurs & Libraires de Paris, Art. 21. Les Syndic & Adjoints faisant leurs Visites, auront l'œil que les Livres qui s'Impriment, soient sur de bon Papier.

Art. 10. du Reglement des Libraires & Imprimeurs de la Ville de Lyon en 1675. Ordonne d'Imprimer sur du papier du poids au moins de 12. à 13. livres la Rame.

ARTICLE

ARTICLE LIII.

LEs Syndic & Adjoints en faifant la Vifite ordinaire des Livres dans la Chambre de la Communauté , n'en pourront acheter ou faire acheter aucuns
pour leur compte , ny mettre à part pour échanger ;
pourront neanmoins vingt-quatre heures aprés ladite
Vifite acheter ou échanger pour leur compte ce qui
reftera defdits Livres vifitez, ainfi que les autres Libraires,

AUTORITEZ.

Reglement de 1618. pour les Libraires & Imprimeurs de Paris, Article
22. Défences font faites aufdits Syndic & Adjoints, d'acheter ou faire
acheter, ne mettre à part aucuns Livres pour acheter, en faifant la Vifite
des Bales des Marchandifes Foraines, fi ce n'eft vingt-quatre heures aprés
ladite Vifite.

Reglement de 1649. pour les Librai res & Imprimeurs de Paris, Article
16. Aufquels Syndic & Adjoints faifons tres-expreffes inhibitions & défences d'acheter ny mettre à part, pour acheter aucuns Livres, en faifant
la Vifite des Bales des Marchandifes Foraines, fi ce n'eft vingt-quatre
heures aprés ladite Vifite.

ARTICLE LIV.

LEs Syndic & Adjoints vifiteront les Dominotiers & Imagers, à ce qu'ils n'ayent à Imprimer ny
Vendre aucuns Placards ou Peintures diffoluës ; & s'ils
ont des Preffes en leurs Maifons, qu'elles foient garnies de grands Timpans propres à Imprimer feulement
des Planches gravées en bois ou en cuivre , & non au-

I

trement ; & ne pourront lefdits Dominotiers & Imagers avoir par devers eux aucuns Caracteres de Fontes propres à Imprimer des Livres, à peine de confifcation des Preffes & Caracteres, au profit de la Communauté des Imprimeurs & Libraires , & d'amende arbitraire.

A U T O R I T E Z.

Lettres Patentes du Roy Henry III. du 12. Octobre 1586. où il eft dit, Que les Dominotiers ne pourront tenir Preffes en leurs maifons ni ailleurs, fimon grandes Preffes accommodées de grands Tympans propres pour Imprimer Hiftoires; & ne pourront tenir groffes lettres ne petites: Ains s'ils ont befoin de lettres, le pourront retirer pardevers les Maiftres qui ont les lettres, en convenant de prix avec eux pour leur Imprimer ce qu'ils auront à faire. Les Tapiffiers ne pourront tenir en leurs Maifons ny autrement, Chaffis , Tympans , Frifquettes , Cornieres, ny Couplets à leurs Preffes, & leurs Platines feront d'un pied & demy de long, & dix poulces de large, & feront de bois, & n'en pourront avoir de fer, ny tenir aucunes Lettres en leur poffeffion, directement ou indirectement.

Reglement de 1618. pour les Libraires & Imprimeurs de Paris, Art. 25. Les Syndic & Gardes vifiteront les Dominotiers , Imagers & Tapiffiers, à ce qu'ils n'ayent à Imprimer , ny Vendre aucuns Placarts ou Peintures diffoluës; & s'ils ont des Preffes en leurs Maifons, de voir qu'elles foient bien garnies de grands Tympans propres à Imprimer Hiftoires & Planches, fans avoir davantage, de Lettres en leurs Maifons , que ce qui leur eft ordonné par l'Edit & Arreft de la Cour.

Reglement de 1649. pour les Libraires & Imprimeurs de Paris, Art. 17. Enjoignons aux Syndic & Adjoints vifiter les Dominotiers , Imagers & Tapiffiers, à ce qu'ils n'ayent à Imprimer ny Vendre aucuns Placards ou Peintures diffoluës ; & s'ils ont des Preffes en leurs Maifons,de voir qu'elles ne foient garnies que de grands Tympans propres à Imprimer Hiftoires & Planches , fans avoir davantage de Lettres que ce qui leur eft ordonné par l'Edit & par l'Arreft de noftredite Cour.

TITRE XI.

DES LIBELLES DIFFAMATOIRES,
& autres Livres prohibeʒ & défendus.

ARTICLE LV.

TOus Imprimeurs, Libraires & autres perſonnes, qui Imprimeront ou feront Imprimer des Livres ou Libelles diffamatoires ou défendus, feront punis felon la difpofition de nos Ordonnances.

Voyez.
Tit. I.
Art. 5.
cy devant

A U T O R I T E Z.

Edit du 17. Janvier 1561. Art. 13. Voulons que tous Imprimeurs, Se-meurs & Vendeurs de Placards & Libelles diffamatoires, foient punis pour la premiere fois du foüet, & pour la feconde de la vie.

Reglement de 1618. Article 13. Tous Imprimeurs, Libraires ou Relieurs, qui Imprimeront, ou feront Imprimer Livres ou Libelles diffamatoires, feront punis comme perturbateurs du repos public, & en ce faifant, pri-vez & décheus de tous leurs Privileges & Immunitez, & declarez inca-pables de pouvoir jamais exercer l'Art d'Imprimerie ou Librairie.

Arreft du dernier jour de Juillet 1565. Par lequel il eft défendu à tous Imprimeurs, Libraires, Colporteurs, ou autres perſonnes de quelque eftat qu'elles foient, d'Imprimer ou faire Imprimer aucuns Livres pleins de blaſphêmes, convices ou contumelies, petulans & ne tendans qu'à troubler l'Etat & repos public, fur peine de confifcation de corps & de biens.

En 1583. les Eftats du Royaume ordonnerent que ceux qui compofe-roient des Libelles, & ceux qui les Imprimeroient, feroient punis de mort, & ceux qui les debitent, punis du foüet & bannis

I ij

Ordonnance du Bailly du Palais, du 17. Avril 1618. contre Joseph Boüillerot & Melchior Mondiere, par laquelle il fut dit que les feüilles Imprimées d'un Libelle seroient rompuës & lacerées, ledit Boüillerot condamné en douze livres parisis d'amende, & ledit Mondiere en trente-deux livres parisis envers le Roy: A eux enjoint de garder & observer les Edits & Ordonnances, à peine de prison, & de punition corporelle.

Arrest du 24. Octobre 1652. portant que les Imprimeries de ceux qui Impriment des Libelles, seront venduës sur le champ.

Sentence du 17. Avril 1680. contre François de Bouge Compagnon Libraire à Reims, & convaincu d'avoir vendu des Livres deffendus, pour lesquels il a esté condamné en dix livres d'amende, mandé à la Chambre pour y estre blâmé tête nuë & à genoux, avec deffences de se mêler de la Librairie. Voyez les autres Autoritez du Reglement pour les Libraires & Imprimeurs de Paris en 1686. page 88. & 89.

ARTICLE LVI.

LEs Compagnons Libraires & les Compagnons Imprimeurs ne pourront Vendre & Negocier aucuns Livres pour leur compte particulier, à peine de confiscation des Livres, & de cinq cent livres d'amende pour la premiere fois, & de punition exemplaire en cas de récidive.

AUTORITE'.

Sentence du 11. Juillet 1646. Portant défenses à tous Marchands Libraires & Imprimeurs, de donner aucun employ ny ouvrages à faire aux Compagnons Libraires & Imprimeurs, ny les retirer en leurs Maisons, s'ils ne sont effectivement à leurs gages & services, à peine de confiscation des Marchandises, & de cinq cent livres parisis d'amende.

ARTICLE LVII.

LE s Maiſtres Libraires & Imprimeurs, ou leurs Veuves ne preſteront leurs noms à qui que ce ſoit pour tenir Imprimerie ou Boutique de Librairie, Vendre ou Negocier des Livres, à peine de confiſcation des Imprimeries & Livres au profit de la Communauté, & de cinq cent livres d'amende; & de pareille ſomme contre ceux qui ſe feront ſervis du nom deſdits Imprimeurs & Libraires.

A U T O R I T E Z.

Sentence du 15. Juillet 1617. contre Joſeph Guerreau & Jean Vialla; par laquelle défenſes furent faites audit Guerreau d'Imprimer aucune choſe ſous le nom dudit Vialla, ny audit Vialla de preſter ſon nom, à peine de priſon & de punition corporelle.

Autre du 4. Aouſt 1617. contre le meſme, confirmant ce que deſſus.

TITRE XII.

DES PRIVILEGES ET CONTINUATIONS d'iceux, pour l'Impreſſion des Livres.

ARTICLE LVIII.

DEFENDONS à tous Imprimeurs & Libraires, de contrefaire les Livres pour leſquels il aura eſté accordé des Privileges ou continuation de Privileges, de Vendre & Debiter ceux qui feront contrefaits, ſous

les peines portées par lefdits Privileges , qui ne pourront eftre moderées ny diminuées par les Iuges ; & en
cas de récidive , les contrevenans feront punis corpo-
rellement , & feront décheus de la Maiftrife , fans
qu'ils puiffent directement ou indirectement , s'en-
tremettre du fait de l'Imprimerie , & du Commerce
des Livres.

A U T O R I T E Z.

Arreft du Confeil du 6. Mars 1643. au profit de Pierre Rocolet , qui
ordonne qu'il joüira de la continuation du Privilege par luy obtenu pendant le temps y porté , à peine de trois mille livres d'amende , & de confifcation des Exemplaires.

Sentence du Chaftelet du 21. Mars 1654. renduë contre Gafpard Vau-
ganger , Marchand Banquier , par laquelle les fix Balles de Livres à luy
envoyées , dans lefquelles fe font trouvez des Livres de contrebande ,
ont efté confifquées , & le quart qui proviendroit de la Vente d'iceux ,
donné au profit de la Communauté des Libraires.

Arreft du Parlement , du 7. Septembre 1657. qui fait défenfes aux
Imprimeurs de Roüen d'achever l'Impreffion de la Cour Sainte par eux
commencée , ny contrefaire ledit Livre pendant le temps du Privilege ,
à peine de confifcation.

Arreft du 17. Mars 1663. pour Jean de la Caille , contre François Henault , qui avoit efté faifi en vendant un Livre contrefait , intitulé *l'Année Paftorale* , lequel fut condamné à payer audit de la Caille la fomme
de huit cent livres pour dépens , dommages & interefts , fauf audit de
la Caille à fe pourvoir contre ceux qui avoient contrefait ladite *Année
Paftorale* : Et fait défenfes , tant audit Henault , qu'à tous autres , de
debiter lefdits Livres contrefaits.

Arreft du Confeil du 9. Aouft 1664. rendu au profit de Georges Joffe ,
contre les nommez Malaffis & la Motte , Marchands Libraires à Roüen ,
qui avoient contrefait *les Meditations de Beuvelet* , dont ledit Joffe
avoit obtenu prolongation de Privilege , lequel Arreft les condamne en
fix mille livres d'amende & par corps , avec confifcation des Exemplaires

où ils se pourront rencontrer, & défences à tous autres de contrefaire és Livres portez par ladite Continuation.

Arrest contradictoire du Conseil du 14. Aoust 1653. rendu contre les nommez Ravaud & Huguetan Imprimeurs de Lyon, qui a Ordonné l'execution des Lettres de Continuation de Privilege accordées à Cramoisy, pour Imprimer pendant trente années, privativement à tous autres, tous les Usages & Livres du Service Divin à l'usage de Rome; Lequel Arrest fait deffences expresses à tous Libraires, Imprimeurs & autres du Royaume, *de contrevenir à aucunes Lettres de Confirmation de Privilege.*

Arrest du Conseil rendu au Rapport de Monsieur Bignon le 14. Février 1693. qui a Ordonné au Lieutenant General de Lyon de saisir & enlever toutes les Presses, Caractéres, Casses & autres Ustanciles servant à Imprimer du nommé Chapuys Imprimeur de Lyon, qu'il avoit trouvé contrefaisant des Livres de Privilege.

Arrest du Conseil Privé, du 4. Septembre 1694. rendu sur la Requeste d'André Pralard, par lequel il est Ordonné, que les Edits, Reglemens & Arrests concernant l'Imprimerie & Librairie seront executez selon leur forme & teneur; & en conséquence que Phaeton (chez lequel on avoit trouvé des feüilles du Livre intitulé, *Nouveau Testament en Latin & en François , avec des Reflections Chrestiennes sur chaque Verset, &c.* que ledit Phaeton contrefaisoit au prejudice du Privilege dudit Pralard) sera assigné au Conseil dans les délais de l'Ordonnance : Enjoint Sa Majesté au Sieur Lieutenant General de Lyon de se transporter chez ledit Phaeton, à l'effet d'y saisir & enlever toutes les presses, Caractéres, Casses & autres Ustanciles servant à l'Imprimerie, & ee les mettre en bonne & seure garde, & de faire les visites & recherches necessaires dans tous les lieux où il en sera requis.

Arrest du 11. Septembre 1665. par lequel le Roy permet aux Libraires & Imprimeurs, ausquels il aura accordé des Privileges, prolongations ou continuations d'iceux, de faire saisir & enlever, & mettre en bonne & seure garde, tous les Exemplaires des Livres contrefaits, & les Parties assignées au Conseil, pour estre ordonné ce que de raison.

Arrest du Conseil du 14. Aoust 1668. qui ordonne que les Lettres de Privilege & continuation accordées à défunt Pierre Rocolet, seront executées selon leur forme & teneur, avec défenses à tous de troubler ses ayans cause en la joüissance desdites Privileges, à peine de quinze cent livres d'amande.

Sentence du 13. Decembre 1670. pour Jean Cavelier, Libraire de Caën, contre le nommé Vautier, Libraire de Roüen & autres, pour avoir Vendu *l'Histoire Sainte du P. Gautruche*, contrefait fur ledit Cavelier, fut condamné en quinze cent livres d'amende, & aux dépens, & par corps.

Arreft de la Cour de Parlement du 26. Février 1671. faifant défenfes à tous Libraires & Imprimeurs, autres qu'à ceux qui auront des Privileges, d'imprimer les Livres aufquels il y aura Privilege, à peine de quinze cent livres d'amende, & de confifcation des Exemplaires. Ordonne en outre, que les Libraires & Imprimeurs, lefquels mettront dans les Livres par eux contrefaits, le Privilege & le nom du Libraire auquel il aura efté accordé, demeureront privez de la fonction d'Imprimeurs & Libraires, fans efperance d'y pouvoir eftre rétablis, mefme pourront eftre punis extraordinairement, s'il y échet. Comme aufli ordonne que tous les Imprimeurs & Libraires qui Debiteront des Livres contrefaits & Imprimez par autres que par ceux qui en auront le Privilege, feront condamnez en l'amende de quinze cent livres, laquelle ne pourra eftre diminuée ny remife pour quelque caufe & occafion que ce foit.

Arreft du Confeil Privé du 12. May 1671. entre Frederic Leonard & Sebaftien Martin, qui avoit imprimé *les Epiftres de faint François de Sales*, dont ledit Leonard avoit obtenu prolongation de Privilege : Par lequel il fut ordonné que lefdites feüilles faifies demeureroient acquifes & confifquées au profit dudit Leonard, & condamne ledit Martin aux dépens.

Arreft du Confeil Privé du dernier Juillet 1673. pour la continuation du Privilege des Oeuvres de faint François de Sales ; Faifant droit fur les dites & Requeftes refpectives, fans s'arrefter à celles des Libraires de Bordeaux, Thouloufe & Roüen ; a debouté & deboute ledit Martin, & les Syndic & Adjoints de Paris, de leur demande afin de caffation des Arrefts dudit Confeil, du 12. May & 10. Juin 1671. Et en confequence, a maintenu & gardé ledit Leonard dans le Privilege d'Imprimer les Oeuvres de Sales, accordé par Lettres du 10. Juin 1671. Condamne ledit Martin & les Syndic & Adjoints en l'amende de trois cent livres envers le Roy, & de cent cinquante livres envers ledit Leonard, & aux dépens.

Sentence contradictoire du 23. Juin 1676. renduë contre Louis Cabin, Marchand Libraire à Roüen, par laquelle les Livres sur luy saisis, ont esté confisquez au profit de la Communauté des Marchands Libraires de Paris, avec défenses de plus récidiver, & condamné aux dépens.

Sentence du 2. Decembre 1680. Pour les Syndic & Adjoints de la Communauté des Libraires de Paris, contre le Sieur Raymond Baffet, Escuyer Sieur de Monfeu; portant confiscation de tous les Livres contre faits qu'il avoit fait apporter en trois Caiffes en cette Ville de Paris, avec défenses à tous particuliers d'en apporter de femblables.

Arreft du Conseil d'Etat du 27. Février 1682. Fait Sa Majesté défenses à tous Libraires & Imprimeurs de Lyon & autres, de contrefaire les Livres qui auront esté Imprimez par d'autres Libraires avec Privilege, à peine de punition corporelle.

Arreft des Requeftes ordinaires de l'Hoftel du Roy, du 31. Mars 1683, Les Maiftres des Requeftes, Juges Souverains en cette partie, ont declaré lesdits Ollier & Chapuis, atteints & convaincus d'avoir Imprimé ledit Livre de *l'Histoire du Calvinisme de Monsieur Maimbourg*, & ledit Carteron de l'avoir debité, pour reparation de quoy, les ont bannis pour six mois de la Ville de Lyon; declare l'amende de trois mille livres portée par ledit Privilege dudit Livre, encouruë contre chacun d'eux, les condamnant folidairement en deux mille livres de dommages & interefts envers ledit Cramoify, & en tous les dépens.

Sentence renduë en commandement aux Requeftes de l'Hoftel, du 22. Aouft 1684. par laquelle les 50. Balles de Livres contrefaits, faisis par André Pralard, dans le Convent des RR. PP. Cordeliers de la Ville de Lyon, font declarées acquifes & confifquées.

Les Maiftres des Requeftes ordinaires de l'Hoftel du Roy, Juges Souverains en cette partie, ont declaré & declarent tous les Exemplaires des Livres faisis à la requefte d'André Pralard, confifquez au profit de chacun des Libraires qui en ont obtenu les Privileges, en contribuant par lesdits Libraires, pour leur part, portion, frais faits par la partie d'André Pralard : Et avant faire droit fur le furplus de la demande dudit Pralard, Ordonnons que le Frere de la Croix fera oüy & interrogé pardevant le

Lieutenant General de Lyon, fur les faits refultans du Procés verbal de faifie, pour ce fait & rapporté eftre ordonné ce que de raifon : Enjoignons audit Lieutenant General & Officiers du Siege de Lyon, de tenir la main à l'execution des Arrefts du Confeil rendus fur le fait de la Librairie. Fait à Paris aufdites Requeftes de l'Hoftel, le 22. Aouft 1684.

Arreft des Requeftes ordinaires de l'Hoftel du Roy, du 12. Mars 1688. Les Maiftres des Requeftes, Juges Souverains en cette partie, en tant que touche l'appel interjetté par ledit Claude Moulu, du decret de prife de corps contre luy decerné, emprifonnement fait en confequence, & ce qui s'en eft enfuivy, ont mis & mettent l'appellation au neant; condamnent ledit Moulu Libraire à Lyon, en l'amende de douze livres; & pour avoir par ladite Tiffeur, veuve de Moulu, auffi Libraire & Imprimeur à Lyon, fait contrefaire le Livre intitulé *l'Office de l'Eglife*, dont le Sieur Angot a le Privilege & continuation, la declarent déchûë du Privilege d'Imprimerie, luy font défenfes d'en exercer la profeffion, la condamnent en cinq cent livres de dommages & interefts envers ledit Angot : Et pour les cas refultans du Procés, après que ledit Claude Moulu fils a efté admonefté en la Chambre derriere le Barreau, le condamnent à aumofner la fomme de trois livres, & folidairement avec ladite Tiffeur fa mere, aux dommages & interefts dudit Angot, Ordonne que tous les Exemplaires contrefaits dudit Livre, feront confifquez; Condamnons ladite Moulu & Moulu fon fils, aux dépens folidairement liquidez à la fomme de mille livres, & par corps.

Arreft du Confeil Privé du Roy, du 30. Aouft 1692. rendu en faveur de Pierre Aubouyn, Denys Thierry & confors. LE ROY EN SON CONSEIL, a Ordonné & Ordonne : Que les Privileges accordez aufdits Aubouyn, Thierry & confors, pour les Livres exprimez en leur Exploit; enfemble les Statuts & Reglemens concernant l'Imprimerie & la Librairie, feront executez felon leur forme & teneur; ce faifant que les Exemplaires contrefaits, & tous les autres Livres, Exemplaires ou Impreffions qui fe font trouvez dans les deux Balots envoyez de Lyon à Paris, fous la fauffe adreffe de hardes vieilles, & qui font mentionnez dans le Procés verbal du Commiffaire Bizoton du 3. Avril 1691. feront confifquez au profit defdits Aubouyn, Thierry & confors; a condamné Briaffon à la fomme de fix mille livres pour toutes amendes, dommages & interefts, dont deux mille livres feront appliquées, moitié à l'Hofpital General de Paris, & l'autre moitié à l'Hofpital General de Lyon, & les autres quatre mille livres feront diftribuées aufdits Aubouyn, Thierry &

confors, à proportion & au fol pour livre des amendes portées par leurs Privileges ; A fait défenses audit Briaffon de recidiver & contrevenir aux Edits, Statuts, Reglemens & Arrefts rendus fur le fait de l'Imprimerie & Librairie, fur les peines y portées, l'a condamné en tous les dépens, & a ordonné que le prefent Arreft fera leu & publié en l'Auditoire du Prefidial de Lyon, l'Audience tenant, & en la place du Change, & affiché à la porte dudit Auditoire, & audit Change. FAIT au Confeil Privé du Roy, tenu à Paris le trentiéme jour d'Aouft mil fix cent quatre-vingt-douze. *Collationné.* Signé, DUMAS.

Voyez les autres Autoritez du Reglement pour les Libraires & Imprimeurs de Paris en 1686. page 91. & fuivantes.

ARTICLE LIX.

AUCUN Libraire ou Imprimeur ne pourra Imprimer ou faire Imprimer aucun Livre, fans Lettres Patentes fignées & fcellées du grand Sceau : Lefquelles Lettres ne pourront eftre demandées ny expediées, qu'aprés qu'il aura efté remis à nôtre Amé & Feal Chancelier de France, une Copie manufcrite du Livre pour l'Impreffion duquel lefdites Lettres feront demandées, & fera fait mention defdites Lettres au commencement ou à la fin defdits Livres. Ne pourront lefdits Livres eftre Imprimez qu'au lieu de la refidence des Libraires ou Imprimeurs qui les auront obtenües, encore bien qu'ils euffent cedé & tranfporté le Privilege ; & en cas de contravention, lefdits Livres Imprimez hors du lieu de la refidence de ceux qui auront obtenu lefdites Lettres, pourront eftre Imprimez, Vendus ou Debitez par tous les autres Libraires, comme s'il n'y avoit aucun Privilege accordé.

AUTORITEZ.

Ordonnance de Charles IX. du 10. Septembre 1563. Défenfes à toutes perfonnes de quelque état, qualité & condition qu'elles foient, fur

peine de confifcation de corps & de biens, de faire Imprimer aucun Livre, Lettre, Harangue en Profe ou Vers, femer Libelles, attacher Placards fans noftre Permiffion, fcellée de noftre Chancellerie ; & à tous
Libraires d'en Imprimer fans noftre Permiffion auffi fcellée, fur peine de
la vie.

Eftats de Moulins en 1566. Article 68. Défendons à toutes perfonnes
que ce foit, d'Imprimer ou faire Imprimer aucuns Livres ou Traitez fans
noftre Congé ou Permiffion, & Lettres de Privilege expediées fous noftre
grand Sel. Auquel cas, enjoignons à l'Imprimeur d'y mettre & inferer
fon nom, & le lieu de fa demeure ; enfemble ledit Congé & Privilege,
& ce fur peine de perdition de biens, & de punition corporelle.

Arrefts du 15. Septembre 1616. & du 15. Mars 1619. en confequence
defquels le Lieutenant Civil fit publier à fon de Trompe & cry public,
par les Carrefours ordinaires de Paris, dés défenfes à tous Libraires &
Imprimeurs, d'Imprimer aucuns Livres, Ecrits, Lettres, ne autres chofes generalement quelconques, ny expofer ne débiter iceux Ecrits fans
fa Permiffion, qui fera inferée au commencement des Ecrits, fur peine
d'eftre les contrevenans à ladite Ordonnance, battus & fuftigez nuds de
verges.

Lettres Patentes de Loüis XIII. du 27. Decembre 1627. Portant défenfes à toutes perfonnes, Imprimeurs & Libraires, de faire Imprimer
aucuns Livres ou Livrets, en quelque langue & quelque matiere que ce
foit, fans avoir le Privilége fcellé de noftre grand Sceau & non d'autres,
à peine de l'amende, de confifcation de tous les Livres, & d'interdiction pour un an de leur exercice de Librairie & Imprimerie.

Ordonnance de Loüis XIII. donnée à Paris en Janvier 1629. Article
52. Les grands defordres & inconveniens que Nous voyons naiftre tous
les jours de la facilité & liberté des Impreffions, au mépris de nos Ordonnances, & au grand préjudice de nos Sujets, & de la paix & repos
de cet Etat, corruption des mœurs & introduction des mauvaifes &
pernicieufes doctrines, Nous obligent d'y apporter un remede plus puif-
fant qu'il n'a efté fait par les precedentes Ordonnances, encore que la
force des Loix confifte plus en la vigilance des Magiftrats, fur l'obfervation & execution d'icelles, qu'en ce qu'elles contiennent. C'eft pour-
quoy fuivant le 78. Article des Ordonnances faites à Moulins, Nous défendons à tous Imprimeurs, tant de noftre Ville de Paris, que de toutes
autres de noftre Royaume, Pays & Terres de noftre obeïffance, d'Imprimer, & à tous Marchands Libraires ou autres, de Vendre ou Debiter
aucuns Livres ny Ecrits qui ne portent le nom de l'Auteur & de l'Im-

primeur, & fans noftre Permiffion par Lettres de noftre grand Sceau, lefquelles ne pourront eftre expediées, qu'il n'ait efté prefenté une Copie du Livre manufcrit, à nos Chancelier ou Garde des Sceaux, fur laquelle ils commettront telles perfonnes qu'ils verront eftre à faire, felon le fujet & matiere du Livre, pour le voir & examiner, & bailler fur iceluy, fi faire fe doit, leur atteftation en la forme requife, fur laquelle fera expedié le Privilege : Duquel manufcrit à cette fin feront faites deux Copies, dont l'une portant l'Original de ladite Atteftation, fera laiffée és mains de nofdits Chancelier ou Garde des Sceaux, & l'autre collationnée fur icelle, és mains du Libraire ou Imprimeur, au nom duquel fera delivré ledit Privilege. Remettant neanmoins à la difcretion & prudence de nofdits Chancelier & Garde des Sceaux, de difpenfer de cette obfervation ceux qu'ils verront devoir faire, foit par le merite & dignité des Auteurs, ou autres confiderations. Défendons à tous lefdits Libraires & Imprimeurs de contrevenir à la prefente Ordonnance, fur les peines portées par ladite Ordonnance de Moulins, & d'eftre interdits pour un an de l'exercice & trafic de leur état, & de fermer leur Boutique pendant ledit temps.

Extrait des Regiftres du Confeil d'Etat du 2. Octobre 1643. Sa Majefté defirant pourvoir aux abus & defordres qui arrivent journellement en l'Impreffion & Vente des Livres : De l'Avis de la Reine Regente fa Mere, a ordonné & ordonne que les Syndic & Adjoints tiendront la main à ce que les Reglemens d'Imprimerie foient exactement obfervez · Se tranfporteront en toutes les Imprimeries pour voir & Vifiter les Livres qui s'Imprimeront, fe feront reprefenter les Permiffions du grand Sceau ; & en cas qu'il fe trouve que l'on Imprime quelques Livres fans ladite Permiffion, faire tranfporter les feüilles Imprimées avec les manufcrits, dreffer leurs Procés verbaux, & en donner avis à noftre Chancelier, pour y eftre pourveu.

Arreft du 8. Avril 1653. rendu fur les Conclufions du Procureur General du Roy, par lequel il eft enjoint à tous Libraires & Imprimeurs, de mettre entre les mains du Syndic, les Lettres de Privilege qu'ils obtiendront pour l'Impreffion des Livres huit jours aprés l'obtention d'icelles, pour eftre infcrites fur le Regiftre de la Communauté.

Sentence du Chaftelet du 6. Juillet 1658. contre Antoine Sommaville Marchand Libraire, par laquelle il eft condamné en quarante-huit livres parifis d'amende, & aux dépens, pour n'avoir pas fait enregiftrer fur le Livre de la Communauté, les Privileges qu'il avoit obtenus, & fuppofé que lefdits Privileges eftoient enregiftrez.

Arreft du Confeil d'Etat, du 15. Octobre 1665. fervant de Reglement general, qui a Ordonné, que les Privileges de tous les Libraires & Imprimeurs du Royaume, obtenus pour Imprimer ou réimprimer, feront tenus pour deuëment notifiez & fignifiez à tous & chacuns Libraires, & autres intereffez aux Impreffions, en les faifant Regiftrer fans frais fur le Livre de la Communauté des Libraires de Paris feulement, qui fervira pour tous les Libraires du Royaume, & autres Impetrans des Privileges; lequel Livre fera communiqué à toutes requifitions auffi gratuitement; Sa Majefté n'ayant (*comme parle ledit l'Arreft*) pretendu affujettir les Impetrans des Privileges pour Imprimer ou réimprimer à *aucunes Significations ny autres Enregiftremens.*

Tous les Privileges que Sa Majefté accorde pour l'Impreffion ou ré-Impreffion des Livres portent ces claufes, *Qu'il feront Regiftrez fur le Livre de la Communauté des Libraires & Imprimeurs de Paris, à peine de nullité; Et qu'en mettant au commencement ou à la fin du Livres, le Privilege en vertu duquel on l'Imprime, ou l'Extrait d'iceluy, il fera tenu pour bien & deuëment fignifié.*

Arreft du Confeil d'Etat du 6. Octobre 1667. faifant défenfes à tous Imprimeurs, Libraires & Relieurs, d'Imprimer, Vendre & Débiter aucuns Livres fans Privilege fcellé du grand Sceau, ny aucuns Livrets ou Feüilles volantes, fans la Permiffion expreffe du principal Magiftrat des lieux, à peine de punition corporelle.

Arreft du Parlement de Roüen, du 11. Février 1675. Faifant iteratives défenfes à tous Libraires & Imprimeurs, d'Imprimer ny faire Imprimer, vendre ny debiter en cette Ville ny ailleurs, en public, ny en cachette, aucuns Livres, de quelque matiere qu'ils puiffent traiter, fans en avoir auparavant obtenu la Permiffion de Sa Majefté, de la Cour, ou du Juge de Police, à peine de confifcation des Exemplaire, de cinq cent livres d'amende pour la premiere fois, & de punition corporelle en cas de recidive.

Arreft du Confeil du 7. Mars 1679. Fait Sa Majefté iteratives inhibitions & défenfes, conformément à l'Arreft du Confeil du 6. Octobre 1667. à tous Imprimeurs, Libraires & Relieurs, d'Imprimer, Vendre & Debiter aucuns Livres fans Privilege de Sa Majefté fcellé du grand Sceau, ny aucuns Livrets ou Feüilles volantes, fans la Permiffion expreffe du principal Magiftrat des lieux, à peine de punition corporelle.

Arreſt du Conſeil d'Etat du 27. Février 1681. Sa Majeſté étant en ſon
Conſeil, a Ordonné & Ordonne, que les Ordonnances, Arreſts & Reglemens concernans l'Imprimerie & Librairie, ſeront executez ſelon leur
forme & teneur en la Ville de Lyon : Et en conſequence , fait défences
à tous Imprimeurs, Libraires & Relieurs, d'Imprimer, Vendre ny Debiter aucuns Livres , ſans Privilege ſcellé du grand Sceau ; ny aucun Livret
ou feüille volante, ſans la Permiſſion expreſſe du Lieutenant General de
ladite Ville, à peine de punition corporelle. Voyez les autres Autoritez du Reglement des Libraires & Imprimeurs de Paris en 1686. page 97.
& ſuivantes.

ARTICLE LX.

NE pourront lefdits Imprimeurs, Libraires, ny autres, obtenir aucuns Privileges pour l'Impreſſion des Factums, Requeſtes, Placets, Billets d'enterrement, Pardons, Indulgences, Monitoires & ſemblables Ouvrages; & feront lefdits Ouvrages indifferemment Imprimez par les Imprimeurs, dont les particuliers voudront ſe ſervir; Pourront neanmoins les Libraires & Imprimeurs, Imprimer les Pardons, Indulgences & autres Ouvrages propres à chaque Dioceſe, ſur les Privileges ſpeciaux qu'en auront obtenu les Evêques.

AUTORITEZ.

Arreſt du 15. Juillet 1608. contre Claude du Breiiil, qui avoit obtenu Lettres de Privilege pour l'impreſſion des Almanachs.

Oppoſition de la Communauté des Marchands Libraires, à l'Enregiſtrement des Lettres de Privilege obtenuës le 16. Juin 1673. par Guillaume Adam, & le nommé Teinturier, pour pouvoir Imprimer les Billets des Convois & Enterrement. Lefquelles Lettres ont eſté rapportées à ladite Communauté, par lefdits Adam & Teinturier, pour n'avoir eu aucun effet, & n'avoir pû eſtre Regiſtrées, par l'avis de Meſſieurs les Gens du Roy.

Arreſt du 11. Février 1674. portant qu'il ne ſera obtenu Privileges pour les Factums.

TITRE

TITRE XIII.
DES INVENTAIRES, PRISE'ES, & Ventes d'Imprimerie & Librairie.

ARTICLE LXI.

DEFENDONS à toutes perfonnes de quelque qualité & condition qu'elles foient, s'ils ne font Libraires ou Imprimeurs, de faire aucunes Defcriptions ou Prifées des Imprimeries, & des Livres qui doivent eftre expofez en Vente, en quelque forte & maniere que ce foit, à peine de nullité defdites Defcriptions & Prifées, & de cinq cent livres d'amende contre les contrevenans. Et fera l'Inventaire ainfi fait par deux Imprimeurs ou Libraires mis & annexé en l'Inventaire des autres meubles, dont il fera fait mention par un feul Article en la minutte & groffe de l'Inventaire general des autres effets.

AUTORITEZ.

Par Arreft du 27. Juin 1577. Défenfes font faites à toutes perfonnes de faire aucune Prifée ou Inventaire d'aucuns Livres blancs ou reliez, neufs ou fripez, finon aux Libraires : Et par Sentence du Chaftelet contre David Douceur, en datte du 31. jour de May 1600. défenfes font faites à tous Libraires, d'acheter ny s'affocier avec autres pour l'achat des Livres defquels ils auront fait la Prifée, à peine d'amende arbitraire : Et à ce qu'aucun n'en pretende caufe d'ignorance, fera publié à fon de Trompe par les Carrefours de l'Univerfité de Paris, & regiftré au Regiftre des Bannieres dudit Chaftelet de Paris.

L

Sentence du 21. Octobre 1611. portant : Que toutes Descriptions &
Prisées de Livres seront faites par des Marchands Libraires.

Aprés le decés de David le Clerc, Maiftre Imprimeur & Libraire à
Paris, le Lieutenant Civil par fa Sentence du 12. Decembre 1613. Ordonna, que la Defcription & Prifée des Livres & Utenciles d'Imprimerie dudit deffunt le Clerc, feroit mife és mains de Maiftre Jean Charles
Notaire au Chaftelet de Paris, pour eftre ajoûtée à la minutte de l'Inventaire par luy commencée, des biens demeurez aprés le decés dudit
deffunt le Clerc, & en eftre par luy delivré autant en groffe à Philippe
Fabon fa Veuve, en payant & fatisfaifant par elle, fuivant fes offres.
Dont ladite veuve auroit appellé, & avec elle fe feroit jointe la Communauté des Libraires ; comme auffi la Communauté des Notaires fe
feroit jointe avec ledit Charles. Par Arreft du 15. Novembre 1614. la
Cour joignit l'Inftance de provifion en ce qui concerne le Reglement
des deux Corps, à l'Inftance principale pendante en icelle. Et neanmoins Ordonna que la Defcription & Prifée des Livres & Utenciles d'Imprimerie dudit deffunt le Clerc, feroit mife és mains dudit Charles pour
fervir de minute, & eftre ajoûtée à la minute de l'Inventaire par luy
fait des autres biens dudit deffunt, & inferée en la groffe dudit Inventaire par un feul Article, fans que le prefent Arreft puiffe faire prejudice
à l'Appointé au Confeil, ny audit Reglement. Et dautant que ladite
Veuve voulant retirer fon Inventaire, ledit Charles fubtilifant fur les
mots dudit Arreft, ne vouloit le delivrer qu'en y ajoûtant la Defcription des Livres & Utenciles d'Imprimerie tout au long, & non par un
feul Article, fans fection ny diftinction ; cela fut caufe qu'elle prefenta fa
Requefte à la Cour pour faire interpreter ledit Arreft ; de forte que fur
icelle, au rapport de Monfieur de Grieux, intervint Arreft du 19. Decembre 1614. par lequel il fut dit que la Defcription & Prifée des Livres feroit inventoriée par ledit Notaire, fans declaration particuliere
defdits Livres & Utenciles, mais feulement fait mention en general d'i-
ceux Livres & Utenciles rapportez par la Defcription & Prifée faite par
tels Libraires, un tel jour.

Arreft du 12. Octobre 1652. pour le payement de ceux qui font les In-
ventaires, par lequel il fut ordonné que l'on payeroit à Mathieu Guil-
lemot & Michel Soly, pour huit Vacations à raifon de dix livres par jour,
& pour la Defcription de l'Inventaire fix livres.

Voyez les autres Autoritez du Reglement des Libraires & Imprimeurs
de Paris en 1686. page 106.

ARTICLE LXII.

La Vente ou Tranfport des Preffes & Caracteres d'Imprimerie ne pourra eftre faite fans la Permiffion du Lieutenant General de ladite Ville de Lyon, & qu'en la prefence des Syndic & Adjoints ; & fera tenu par le Syndic un Regiftre defdites Ventes, fur lequel ceux à qui lefdites Preffes & Caracteres auront efté vendus & adjugez, feront tenus de s'en charger, à peine de confifcation & d'amende arbitraire contre les contrevenans.

A U T O R I T E Z.

Ordonnance du 17. Mars 1663. portant défenfes de Vendre aucunes Preffes & Utenciles fervans à l'Imprimerie, qu'à un Maiftre Imprimeur, en prefence des Syndic & Adjoints, dont ils tiendront Regiftre, à peine d'amende arbitraire.

Ordonnance du 25. Juin 1670. Défenfes à tous Imprimeurs, Libraires & Fondeurs, de Vendre fans noftre Permiffion par écrit, aucunes Preffes, Caffes, Caracteres & autres Utenciles d'Imprimerie.

Ordonnons que lefdites Preffes, Caffés, Caracteres & autres Utenciles fervant à Imprimer, ne pourront eftre livrées à ceux qui les auront achetées, qu'en la prefence du Syndic & de deux Adjoints, lefquels feront tenus d'en faire declaration precife & fignée, tant par le Vendeur, que par celuy qui aura acheté ; lefquels chacun à leur égard, declareront la qualité des chofes venduës, & le jour qu'elles feront livrées, le tout à peine de confifcation, de quinze cent livres d'amende & de plus grande, s'il y échet.

Voyez les autres Autoritez du Reglement des Imprimeurs & Libraires de Paris en 1686. page 107.

Si donnons en mandement à nos Amez & Feaux Confeillers, les Gens tenans noftre Cour de

Parlement à Paris, que ces Prefentes ils ayent à faire •
regiftrer, & le contenu en icelles garder & obferver
felon leur forme & teneur, fans fouffrir qu'il y foit
contrevenu en quelque forte & maniere que ce foit :
CAR tel eft noftre plaifir. Et afin que ce foit chofe
ferme & ftable à toûjours, Nous y avons fait mettre
noftre Scel. DONNE' à Verfailles au mois d'Avril
l'an de grace mil fix cent quatre-vingt-quinze : Et de
noftre regne le cinquante-deuxiéme. Signé, LOUIS.
Et plus bas; Par le Roy, LE TELLIER, *vifa* BOU-
CHERAT. Et fcellé du grand Sceau de cire verte.

*Regiftrées, oüy, & ce requerant le Procureur General du Roy ;
pour eftre exceutées felon leur forme & teneur, fuivant l'Arreft de
ce jour. A Paris en Parlement le feptiéme Février mil fix cent
quatre-vingt-feize.* Signé, DU TILLET.

Imprimé par ordre de Monfeigneur
le Chancellier.

TABLE
DES MATIERES.

A

M

D

G

I

Q

N

DES MATIERES.

F I N.

A PARIS,

De l'Imprimerie de CHRISTOPHE BALLARD.

www.ingramcontent.com/pod-product-compliance
Lightning Source LLC
LaVergne TN
LVHW012207170726
843503LV00005B/1931